우리 부모님은 요양원에 사십니다

우리 부모님은 요양원에 사십니다

2023년 10월 31일 초판 2쇄 펴냄

지은이 임수경
편집 이수미
펴낸이 신길순
펴낸곳 도서출판 삼인
전화 (02) 322-1845
팩스 (02) 322-1846
이메일 saminbooks@naver.com
등록 1996.9.16 제25100-2012-000046호
주소 03716 서울시 서대문구 성산로 312 북산빌딩 1층

디자인 디자인 지폴리
인쇄 수이북스
제책 은정제책

ISBN 978-89-6436-246-4 03330
값 16,000원

우리 부모님은
요양원에
사십니다

임수경 지음

삼인

돌봄 공동체의 변화를 꿈꾸며

요양원은 여전히 '그런 곳'이어야 할까

일요일, 이삭 채플에서 예배와 오후 면회 일정이 끝나고 보아스에서의 하루 업무를 정리하고 있을 때 한 통의 전화가 왔다. 수화기 건너편의 목소리가 말했다. 어머니께서 목포에서 지금 출발하는데 당일 입소가 가능하냐고. 목소리에서 느껴지는 다급함에 당장의 입소는 어려운 대신 특별 요양실에서 하룻밤 주무실 수는 있으니 일단 오시라고 말씀드렸다. 오셔서 차근차근 생각해 보고 결정하셔도 늦지 않다는 말도 덧붙였다.

서울에 있는 자녀, 손자들까지 열 명 정도 보아스에 먼저 와서 어르신을 기다렸다. 드디어 저녁 7시쯤 어르신이 도착하셨다. 차 안에서 6시간을 넘게 보낸 어르신은 결국 구토를 하셨다. 얼굴이 노랗게 뜬 어르신을 특별 요양실에 모시고 보호자들과 상담을 진행했다.

"최근까지도 활발하게 지내시고 성격도 워낙 당당한 분이었어요. 그런데 며칠 전 대소변 실수를 하셨어요. 사회복지사가 뒤처리를 해주셨는데 그때 어머니의 자존감이 바닥으로 떨어지신 것 같아요. 그러면서 이제 병원에 가야겠다고 하셨어요."

이야기의 시작은 이랬다. 병원에 가야겠다는 어머니의 요청에 따라 아들들은 한동안 목포에 있는 여러 요양병원을 알아보았다. 그리고 그중 괜찮은 곳을 찾았고 원래 오늘이 입원 예정일이었다는 것이다. 하지만 막상 자녀들이 목포로 내려가 입원 절차를 밟으려 하니 어르신께서는 자식들을 욕보일 수는 없다며 자식들 근처에 있는 서울 소재의 병원으로 입원시켜 달라고 강경하게 요구하셨고 보호자들은 급히 요양원을 찾다가 이곳 일산에 있는 보아스까지 오게 되었다고 한다.

"욕보인다니요?"

"시골에서는 부모를 요양시설에 보내면 부모를 버리는 것이라고 자식들을 욕한답니다. 이제까지 고향에서 훌륭한 자식들을 키웠다고 인정받아 왔는데 어머니가 시설로 가신다는 소문이라도 나면 자식들이 욕먹는다고 고향 근처는 안 된다고 극구 반대하셨어요. 고향 사람들에게는 서울 자식들 집에 간다고 하고 오신 거예요."

"그러면 집으로 모시는 게 맞지 않을까요?"

"자식들 집에 가면 자식들에게 폐가 된다고 시설로 보내 달라고 하셨어요. 이미 마음을 굳게 먹으셔서 어떤 설득도 통하지 않아요."

요양원에 가는 것을 고향 사람들에게 알리고 싶지 않은 어르신이 결국 요양원에 오시게 된 지금, 어떤 마음이실까. 요양원에 대한 인식은 아직도 부정적이다. 뉴스에서는 여전히 요양원 폭행 사건이 종종 보도된다. 그런 뉴스를 어디선가 접하셨다면 어르신께서도 시설에 가는 것이 절대 달갑지 않으셨을 것이다. 아니 어쩌면 두려우셨을지도 모르겠다. 그 두려움이란 단순히 몇 요양원에서 벌어지는 끔찍하고 비인간적인 폭력에 관한 것만은 아닐 것이다. 많은 이들이 시설에서 보내는 여생을 삶의 나쁜 마무리처럼 여긴다. 실제로 일어나는 폭력과 사회가 요양원을 바라보는 폭력적인 시선, 그 모든 게 어르신에게는 감당하기 힘든 일이었을지도 모른다. 자식들에게 폐가 되지 않기 위해 선택해야만 하는 곳. 왜 사람들은 요양원을 그런 곳으로 인식하고 있을까.

요양원이라는 공동체

이 이야기를 쓰기 시작했을 때 부모님을 모시며 겪었던 나의 고민과 경험이 다른 보호자나 어르신께 도움이 되길 소망했다. 그런데 써나갈수록 과연 이 글이 어떤 도움이 될까 하는 의구심이 들기도 했다. 생생히 묘사한 보아스의 이야기들이 오히려 역효과를 낳아 역시 요양원은 한계가 있다는 인식을 더욱 공고히 만들게 되는 것은 아닐까 두려웠다. 한동안 글쓰기를 멈추게 된 가장 큰 이유였다.

그렇게 글을 쓰지 않고 보아스를 운영하는 동안에도 당연히 새로운 입소자와 보호자를 마주하는 일은 계속되었다. 돌봄의 고뇌로 하루하루를 보내는 이들은 여전히 많았고 우리 부모님처럼 삶의 끝자락에서 노년의 삶을 되짚는 어르신 역시 많았다. 앞으로도 그런 분들을 우리는 보아스에서 계속 만나게 될 것이다. 여러 보호자와 어르신들의 끊임없는 고민과 해결되지 않을 숙제를 함께 해나가야 할 우리의 여정이 한참 남았다는 것이 막막했다.

그러니 그냥 쓰자, 그런 결론이 났다.

있는 사실 그대로 쓰자고 마음먹었다. 지금부터 보여 드릴 보아스의 이야기는 감사와 기쁨이 넘치지만 때로는 원망과 질책에 좌절하고 때로는 자책과 죄송함에 고개 숙이며 할 수 있는 최선을 다하는 나의 이야기이다. 또한 침대에서 휠체어로 식탁으로 물리치료실로 다목적실과 옥상으로 예배당으로 하루에 육천 보 이상을 걷고 뛰면서 어르신들의 다리가 되고 팔이 되어 드리는 우리의 이야기이다. 어르신들과 보호자들을 위로하고 격려하는 동시에 그들이 우리를 위로하고 격려해 주기도 하는 모두의 이야기이기도 하다. 보아스의 일상을 그려 내는 이 글에서 때로는 요양원의 한계를 마주할 수도 있지만 그것이 전부는 아니라고 분명히 믿는다.

가장 중요한 것은 노년의 삶이 삶인 채로 존재할 수 있는 '보아스'라는 공동체가 바로 여기 실재하고 나는 지금 그 공동체의 가능성에 관해 얘기한다는 것이다. 어쩔 수 없는 선택지가 아닌 어엿한 공동체로서 보아스는 존재한다. 한계와 희망은 공존한다. 한계가 있기에 그걸 뛰어넘고자 하는 희망이 있다. 보아스가 일군 이 공동체가 그 희망의 위로가 되어 누군가에게 닿기를 간절히 바란다.

목포에서 오신 어르신의 고향 지인들이 다음 주에 면회를 오신다고 한다. 어르신이 그분들의 면회를 허락했다는 얘기를 듣고 내심 놀랐다. 지내보니 적어도 이곳이 자녀들 욕 먹일 곳은 아니라고 확신하신 것일까. 그랬으면 좋겠고 또 그렇게 생각하기로 했다. 보아스가 조금씩 변화시킬 미래를 상상해 본다.

9

차례

나와
우리 가족의
이야기

부모님에게
닥친 일

보아스 골든케어의 이야기를 쓰기에 앞서 나와 우리 가족의 이야기를 먼저 해볼까 한다. 우리 어머니는 2008년에 뇌경색을, 아버지는 2012년에 뇌출혈을 진단받으셨다. 두 분은 현재 장기요양 1등급 환자, 장애인으로 살고 계신다. 그동안 우리 가족은 노환으로 어려움을 겪는 부모님을 모시며 다양한 시행착오를 겪었고 여기까지 왔다.

언어장애부터 시작된 어머니의 질환은 몇 번의 스트로크 이후 편마비로까지 악화하였다. 그에 따라 어머니의 요양 등급은 높아져 갔고 아버지 역시 비슷한 과정을 겪으셨다. 그 시절 드물

나와 우리 가족의 이야기

게 연애결혼을 하셨던 우리 부모님은 자녀들을 모두 출가시키고 오붓한 생활을 즐기고 계셨다. 그런 두 분의 삶은 어머님이 뇌경색 진단을 받으며 끝나 버렸다.

집 안팎 모든 대소사를 어머니께 맡기고 주로 어머니의 뜻을 따라 생활하셨던 아버지는 어머니가 쓰러지시자 그야말로 인생을 비춰 주던 태양이 어느 날 갑자기 사라진 것 같았다고 표현하셨다. 집안일에 대해 전혀 모르시던 아버지가 가정의 생활 전반을 책임지기란 쉽지 않았고 그로 인해 발생하는 여러 문제를 마주하며 우리 가족의 일상은 무너져 갔다. 언제나 마음에 큰 돌을 얹은 것처럼 힘들고 무거운 나날의 연속이었다.

몸이 불편한 어머니와 심리적으로 절망 가운데 있는 아버지를 집에서 모시면서 수시로 종합병원, 한방병원을 들락거렸고 속수무책으로 답답해하던 때에 어머니가 입원하셨던 종합병원 간병인의 조언에 따라 재활병원(재활 요양병원)에까지 이르게 되었다. 그렇게 재활병원에서 어머니는 9년, 아버지는 6년 동안 생활하셨다.

재활병원에서 물리치료를 진행하며 부모님은 신체적으로 많이 좋아지셨다. 재활병원의 남자병실과 여자병실에 계셨던 두 분에게 각각 1인 간병인을 붙여 충분한 돌봄이 가능하게 하고 물리치료를 병행한 결과였다. 어머니는 음식물을 삼키기 어려운 연하장애로 위루관을 하셨지만, 과거의 생활에 대한 감각 때문인지 어떻게든 입으로 식사하시길 바라셨다.

그렇게 우리 남매는 부모님의 병원 비용, 간병인 비용, 비급여로 처리되는 연하장애 치료비까지 포함하여 한 달에 700~800만 원 정도의 비용을 지출했다. 속되지만 9년의 기간을 돈으로 환산해 본다면 집 두 채 정도의 돈을 날린 셈이다.

마침내 어머니께서 어느 정도 식사가 가능해졌지만 금세 다른 문제가 발생했다. 당뇨로 아랫니가 전부 빠져 음식물이 밖으로 흘러나오는 탓에 입으로 식사하시는 것이 아예 어려워진 것이다. 하나의 문제를 해결하고 희망이 보일 때쯤 또 다른 문제에 직면하는 생활은 이후에도 계속 반복되었다.

회복된 신체와 별개로 부모님이 누워 계신 시간은 자꾸만 늘어 갔다. 오전과 오후에 한 번씩 있는 재활치료를 제외하면 병실 침대 외에는 활동할 수 있는 공간이 없었고, 병원에는 몸을 움직일 수 있는 마땅한 활동도 없었다. 상가에 임대하고 있는 병원이기에 1인 간병인이 있어도 산책할 공간이 변변치 않은 탓이었다.

나와 우리 가족의 이야기

시끄러운 차도 옆 보도를 따라 한 바퀴 도는 잠깐의 외출을 끝내면 다시 하염없이 누워 계셔야 했다.

주말이나 명절 연휴에 집으로 돌아가는 간병인을 대신해서 부모님을 돌봐 드리며 늙고 병든 부모님 삶의 질과 존엄에 대해서 진지하게 고민하게 되었다. 지금의 부모님의 삶에 무엇이 필요할까? 재활치료와 간병인의 돌봄은 부모님의 삶을 지탱해 주는 중요한 요소들이지만, 그러나 그것이면 충분한가? 내가 지금 부모님이라면? 너무나 슬플 것 같았다. 늙고 병들면 다 그래, 그렇게 말할 수 있을까? 과연 나라면?

노인과 환자를 돌보는 보호자는 보통 신체의 기능 유지와 회복에 집중한다. 우리도 처음에는 그랬다. 그러나 부모님을 돌보는 시간이 길어지면서 서서히 부모님의 삶의 질에 대해서 생각하게 되었다. 늙고 병들었다 해도 그들 역시 여전히 오늘을 살아가며 우리와 같은 24시간을 보내고 있다는 사실을 실감했다. 그들에게도 정서적이고 감정적인 영역은 여전히 중요한 삶의 부분이다. 그렇기에 부모님이, 아니 우리가 노후에 여생을 보낼 수 있는 환경은 신체의 기능 유지와 회복을 위한 요양과 돌봄, 재활치료뿐만이 아니라 친구, 여가, 웃음, 놀이, 쉼도 함께라면 좋겠다고 생각했다.

　그렇게 부모님을 돌보면서 우리 형제들은 서서히 우리의 미래를 바라보기 시작했다. 한 번도 생각하지 않았고 가까이에서 경험한 적이 없던 늙고 병든 노인의 삶에 대해서. 부모님의 현재가 우리의 미래이기도 하니까.

나와 우리 가족의 이야기

보아스 골든케어를
시작하다

부모님에게 닥친 일이 나 그리고 우리 형제와 자매의 일이 되었을 때, 우리는 자식들에게 부담이 되지 말고 스스로 요양원으로 가자고 그렇게 서로서로 다짐했다. 그럼, 어디로 갈 것인가. 우리는 다시 고민했다.

부모님을 돌보기 위해서 찾아다녔던 요양원 중에 과연 우리가 갈만한 곳이 있었던가? 쾌적하고 서비스도 좋아 괜찮다 싶으면 가격이 터무니없이 비싸서 우리의 경제적 사정으로는 도저히 감당이 어려울 것 같았다. 그래서 우리가 생각하는 합리적인 가격에 맞추어 갈 수 있는 시설들을 찾아보았다.

어둡고 칙칙한 실내 환경, 표정 없이 기계적으로 움직이는 직원들, 아무런 기대 없이 죽을 날만 기다리고 있는 유령 같은 어르신들을 만나고 돌아섰던 씁쓸한 기억이 떠올랐다. 어쩌나. 우리는 앞으로 어떻게 해야 할까?

부모님의 현재와 우리의 미래를 위한 돌봄 공동체, 보아스 골든케어는 거기에서부터 시작되었다.

정성스럽게 돌봐 주는 요양보호사와 약을 챙겨 주고 건강 상태를 수시로 점검해 주는 간호사가 있어 응급 상황이 생겼을 때 전문적 대처가 가능한 곳, 넓고 쾌적한 물리치료실이 있어 편안한 마음으로 운동할 수 있고 창으로 들어오는 햇빛을 받으며 사람들과 얘기를 나누며 놀이를 할 수 있는 곳, 텃밭이 있고 식물이 있고 즐거운 식사가 있는 곳, 이 모든 것으로 인해 자연스러운 육신의 노화에 마냥 슬퍼하지 않아도 되는 곳.

막연한 상상과 희망은 2014년 초에 구체적인 계획이 되었다. 무려 14번의 설계 변경 과정을 거치며 2018년에 공사가 시작되었다. 그렇게 2014년부터 시작된 우리의 꿈은 2020년 2월 '보아스 골든케어'로 마침내 현실이 되었다.

나와 우리 가족의 이야기

2014년, 보아스 골든케어를 기획하면서 토지 확보를 고민하는 나에게 병원에 누워 계신 아버지께서 형부와 의논해 보라고 조언을 해주셨다. 당시 형부는 오랫동안 해왔던 사업을 정리하고 그 땅을 공장을 위한 부지로 용도를 변경한 후, 지극히 현실적인 계획을 세우면서 편안한 노후를 준비하고 계셨는데, 앞으로 많은 난관이 있을 것이 뻔한 처제의 꿈과 간청을 형부는 감사하게도 들어주셨다. 그렇게 형부는 우리의 꿈에 기꺼이 동참해 주셨고 현재 보아스 골든케어의 경영자로서 처제가 원하는 운영 방향대로 물심양면으로 전폭적으로 지지해 주고 계신다.

그리하여 나는 한국전산원, LG CNS, 국세청, KT 등에서 일했던 경력을 뒤로하고 본격적으로 보아스 골든케어를 준비했다. 그러다 뜻밖의 기회를 얻어 2014년 10월 말에 한전KDN 사장으로 취임하게 되었다. 준비를 주도하다가 갑자기 빠지게 되는 상황이 벌어지는 바람에 면목 없어 하는 나에게 형부는 자신이 알아서 추진해 볼 테니 걱정하지 말고 맡은 일을 잘하고 오라며 응원해 주셨다.

형부의 배려 덕분에 나는 모든 것을 형부에게 맡기고 한전 KDN에 전념할 수 있었다. 그리고 바쁜 날들을 보냈다. 한전KDN을 퇴직할 때쯤 건물이 완공될 수 있기를 간절히 바라고 기대했지만, 퇴직할 때까지 보아스 골든케어 설립은 실현되지 않았다.

　보아스 골든케어가 아직 설립되지 않았지만 나의 퇴직 후, 우리 가족은 부모님을 더 이상 병원에 모시기는 어렵다고 판단하였다. 부모님께서는 그 당시 더 이상 재활에 대한 의지와 동기 부여를 찾지 못한 채 답답한 병원 생활을 마냥 견디고만 계셨다.

　매달 700~800만 원 되는 병원비를 감당하기 어려웠던 건 보호자인 우리도 마찬가지였다. 결국 나는 남편과 시어머니께 양해를 구한 뒤 부모님을 직접 모시기로 했다. 그러곤 남매들이 힘을 모아 거처를 준비하였다. 재활병원에 모시는 동안 알게 된 지식과 정보를 이용해서 집에서 물리치료를 할 수 있도록 기구를 설치하고 집 안에서 휠체어를 타고 이동하실 수 있도록 문턱을 없앴다. 더불어 욕실에는 누운 상태로 목욕을 하실 수 있는 침상을 들이는 등 다양한 인테리어 공사를 통해 부모님께 꼭 맞는 환경을 조성하려고 노력했다. 마지막으로 재가급여 서비스로 방문요양, 방문간호 서비스를 신청하여 요양보호사로부터 돌봄을 받을 수 있는 준비를 마친 뒤 두 분을 집으로 모셨다.

　그런데 부모님을 집으로 모시기로 한 날, 아버지는 다 나은 줄 알았던 감기의 여파인지 폐렴으로 다시 병원에 입원하셨고 어머니만 먼저 집으로 오시게 되었다. 그렇게 마음을 졸이고 아버지의 회복을 기원했다. 다행히 경과가 좋아져 아버지는 한 달 후 퇴원하여 드디어 집에 오셨다.

긴 투병 생활에 지친 두 분이 퇴원 후 처음으로 한방에 나란히 누우셨을 때 서로를 바라보던 그 미소를 도무지 잊을 수가 없다. 평생을 이렇게 서로 의지하고 지내 오시다가 다른 병실에서 따로 지내시며 날로 쇠약해지는 배우자를 바라만 봐야 하는 것이 얼마나 안타까우셨을까. 부모님을 돌보기 위해 이 병원 저 병원으로 옮겨 다니면서 어딘가 공허한 마음을 지니고 있던 우리 가족은 집으로 부모님을 모시면서 함께라는 기쁨을 뼈저리게 체험하게 되었다. 그렇게 우리 가족은 더욱 돈독해졌고 부모님을 집에서 돌보는 생활은 수많은 고난 가운데서도 충만한 기쁨에서 시작될 수 있었다.

할 수 없는 것과
할 수 있는 것

더 이상
할 게 없다는 말

"병원에서 더 이상 할 게 없다고 퇴원하라는데 어떻게 하나요?"라는 보호자들의 상담 전화를 자주 받는다. 대학병원에서 더 이상 치료할 게 없다며 퇴원을 권유할 때 보호자들은 당황스럽다.

병이 다 나은 것도 아닌데, 할 게 없다는 게 무슨 말인가. 우리 어머니가 그랬다. 그날 남대문에서 맛있는 곰탕을 먹고 부모님도 좋아하시겠다고 생각하며 들뜬 마음으로 포장을 부탁했다. 부모님 댁에 들르니 마침 동생 부부도 와 있었다.

아버지가 "네 엄마가 좀 이상하다. 언니 이름을 부르는데 혜경이, 혜경이 이름만 반복하고 더 이상 말을 못 한다."라고 걱정하셨다. 낮에 복지 센터에 가서 한국 무용 수업을 듣고 오신 뒤

부터 저러신다고 했다. 한 달 전에 산에 올랐다가 넘어지셨고 그때 CT를 찍었는데 결과 소견에는 딱히 이상이 없었다고 하신다. 걱정스러운 마음으로 "엄마 어디 아파?" 하고 여쭤봤지만 엄마는 그저 머리만 흔들었다.

금요일 밤 8시.

"지금 가는 것보단 월요일 일찍 병원 가는 것으로 해요."

그 말과 행동을 여전히 후회한다. 아마 엄마가 '혜경이, 혜경이' 하셨던 것은 언니에게 전화하라는 의미가 아니었을까. 언니는 그게 뇌경색의 전조 증상인 것을 알고 있었을 테니까. 나와 동생도 그 증상이 뇌경색의 전조라는 것을 알았더라면, 그래서 금요일 밤에 응급실에 갔더라면. 지금 와서 어찌할 수 없는 일에 대해 '만약에, 만약에' 하며 나는 여전히 수많은 가능성을 상상한다. 하지만 그렇다고 바뀌는 현재와 미래는 없다. 바꿀 수 있는 과거는 더욱이 없다.

그렇다면 이 떨치기 어려운 죄책감은 어디서부터 해결해야 할까. 하룻밤이 지나도 걱정이 되어 아침 일찍 부모님 댁에 갔다. 어머니께서 신문을 보시면서 글자가 잘 안 읽힌다고 하셨다.

곧바로 Y 대학병원 응급실로 향했다. 주말의 응급실은 당연하게도 복잡했다. 오전 10시에 응급실에 입원했는데 오후 10시가 되어서야 MRI를 찍을 수 있었다. 뇌졸중이라고. 머리가 하얗게 되었다고. 어떤 설명도 귀에 잘 들어오지 않았다. 일반 병실로 전실한 뒤에는 말하는 것을 어려워하셨다. 글씨를 써보라고 했더니 어머니는 이상한 그림을 그리셨다. 왼쪽 뇌가 다쳐서 그렇다고 했다. 병원에서는 뇌경색 관련 책 한 권을 주더니 보호자들에게 읽어 보라고 말했다.

그렇게 2주가 지나고 할 수 있는 것이 없으니 퇴원하라고 했다. 2008년, 어머니가 72세인 해였다. 재활병원에 가라는 얘기만이라도 해줬었어도 엄마가 와상 환자가 되진 않으셨을 텐데, 방향과 출처가 명확하지 않은 원망이 자꾸만 마음을 비집고 튀어나왔다. 여러 번 어긋난 타이밍을 수습하려던 나의 노력이 "할 수 있는 것이 없다."라는 의사의 그 말로 귀결되는 것 같았다. 더 이상 병원에서 할만한 치료가 없다는 뜻이지만 보호자인 나에겐 그이상의 의미처럼 느껴졌다.

할 수 없는 것과 할 수 있는 것

할 수 있는 것은
없을까

'할 수 있는 것이 없다.' 이 공허한 결론을 채우기 위해 또 다른 방향으로 고개를 돌려야만 했다. 보아스에 상담을 해오는 보호자들 역시 이 단계 어디쯤에서 방황하다가 보아스로 고개를 돌리신 것이다. 할 것은 없지 않다. 병원에서야 그렇다고 할지라도 아직 남은 것들이 있다. 그런 희망을 모두가 꼭 아셨으면 좋겠다.

그래도 요즘은 병원이 조금 더 친절해진 것 같다. 퇴원 권유에 당황해서 상담을 온 보호자들께는 주치의에게 두 가지를 물어보라고 당부한다. 입원하여 의사 선생님의 주시 아래에서 주사나 약 처방이 필요하신 상황인지 그게 아니라면 이따금 외래로 진료받으러 오셔서 약을 처방받으시면 되는 상황인지. 의료진의 지속적인 관찰과 치료가 필요하다면 요양병원에 가서야 하고 처방받은 약만 복용하셔도 된다면 이제는 집에서 꾸준한 돌봄과 요양이 필요하다는 말이다.

만약 집에서의 돌봄이 어렵다면 요양원을 고려하면 된다고 말씀드린다. 뇌 병변으로 인해 신체 활동에 제한이 생긴 경우는 우선 재활병원을 권해 드린다. 재활병원에서는 아침저녁으로 운동치료를 진행하며 혼자 식사가 가능하고 워커나 보행기로 화장실에 가실 수 있는 정도를 보통 목표로 설정한다. 물론 재활에 의지가 없는 어르신들도 있고 재활을 해도 그 의미가 보이지 않는 분들도 있다. 그래도 한번은 재활치료를 받으시도록 강하게 권유하는 것이 훗날 후회가 없다.

어르신들에게 자녀들의 돌봄 이외의 돌봄이나 치료는 그리 의미가 없을지도 모른다. 그저 집에서 지내시다 가시고 싶은 소망이 있기 때문이다. 그래도 자녀들에겐 마지막 정성을 기울일 기회가 필요하다. 그래서 의미가 없다고 스스로 판단하셔도 한 번쯤 자녀들의 의견에 따르시기를 어르신들께 부탁드린다. 자녀가 최선을 다했음을 스스로 경험하고 인지하는 것은 중요하다. 그런 과정 없이 부모님을 보내 드리게 되면 보호자의 마음엔 깊은 상처가 남는다.

할 수 없는 것과 할 수 있는 것

모두가 부모인 것도 처음이고 자식인 것도 처음이다. 다만 그 와중에 부모와 자식은 돌아가며 서로의 보호자가 될 뿐이다. 단순하다면 단순하고 복잡하다면 복잡한 이 관계 안에서 부모와 자녀 모두 조금씩 양보하면서 서로의 마음을 서툴게나마 더듬으며 지내야 한다.

보아스에 계신 어르신들의 남녀 성비는 1:3 정도이다. 여자 어르신이 남자 어르신보다 많다. 통계적으로 여성이 남성보다 수명이 긴 탓도 있지만 남자 어르신이 돌봄이 필요할 경우 아내 혹은 자녀가 직접 돌보는 사례가 많은 것에 비해, 여자 어르신이 돌봄이 필요한 경우 남편이 집에서 돌보는 것에는 한계가 있기 때문이다. 그래서 요양원에 따로 혹은 같이 입소하신다.

가사 노동의 역할 분담 측면에서 많은 것을 책임지던 여자 어르신이 돌봄이 필요한 입장이 되면, 남자 어르신이 가사 노동의 전반을 책임져야 한다. 평생 고정되어 있던 역할에 갑작스러운 전환이 발생하면 생활은 쉽게 무너진다. 우리 부모님도 그랬다. 어머니의 병세가 깊어짐과 동시에 아버지의 일상도 균형이 무너지기 시작했다. 이처럼 사회적 역할의 불균형은 때론 돌봄의 부담을 배로 만드는 이유가 되기도 한다.

어머니가 Y 대학병원에서 퇴원한 후, 식사를 차리고 살림을 도와줄 도우미분을 들였다. 아버지는 75세의 연세에 어머니의 재활치료를 위해 매주 두 번씩 어머니를 모시고 직접 운전하여 대학병원에 가야 하는 스케줄이 생겼다. 어머니의 손맛에 익숙하신 아버지는 어느 날부터 도우미분이 차려 주시는 식사를 거의 안 드시기 시작했다. 그런 아버지의 입맛까지 세심히 신경 써달라고 부탁하기에는 도우미분은 이미 어머니를 돌보기에도 벅찬 상태였다.

퇴직 이후 친구 부부와 여행을 다니고 운동을 다니는 부모님의 생활은 하루아침에 끝났다. 아버지는 혼자서 뭘 해야 할지 몰라 방황하셨다. 매일 한숨만 쉬며 대부분의 시간을 거실에 나와 멍하니 계셨다. 운동 회원권도 끊어 드리고 골프 연습장 회원권도 사서 드렸지만 전부 하루 이틀 내로 흥미를 잃었다. 종일 담배와 술에 의존하여 지내셨다. 그 마음을 짐작하면서도 딸로서 보고 있기 힘든 일이었다.

어머니를 모시고 Y 대학병원 재활치료를 다니는 것은 아버지께도 여간 버거운 일이 아니었다. 일산에서 신촌까지 운전해서 가면 주차하는 데만 30분이 넘게 걸렸다. 돌아올 때도 마찬가지였다. 아버지는 그 시간이 여러 이유로 참 길고 힘드셨는지 "재

할 수 없는 것과 할 수 있는 것

활치료가 책 읽히고 손으로 뭔가 집고 그런 것이 다더라."라고 하시며 석 달 정도 되었을 때 집에서 하자고 먼저 제안하셨다. 그때 대학병원에서 재활병원을 소개받았다면 아버지의 고생이 조금 덜했을 텐데. 원망스럽지만 이미 지나간 일을 붙잡고 있을 수만은 없다. '할 수 있는 것'에 집중하는 것이 중요하다.

집이 될 수
있는 곳

이곳이라서
다행인 곳

우리는 보아스가 요양원이라는 시설에 요구되는 본질적 의미를 잊지 않는 동시에 집과 같이 편안한 주거 공간이 되도록 노력했다.

현재 보아스는 여자 어르신들이 계신 여자 마을(보아스는 시설 내부에서 생활하는 각 유닛unit을 마을이라 부른다.)과 남자 어르신들이 계신 남자 마을을 구분하여 운영하고 있다. '마을'은 침실과 거실이 있어 주된 생활을 하는 곳이다 보니 화장실에 가시거나 옷을 탈의하거나 혹은 주무시는 것에 불편함이 없도록 성별에 따라 유닛을 구분한 것이다.

각 층에는 복도 중앙에 자리한 간호 스테이션을 기준으로 두

집이 될 수 있는 곳

개의 유닛이 양 끝에 날개처럼 위치한다. 각 유닛에는 어르신들의 침실이 있고 침실을 나오면 요양보호 선생님들이 사용하는 주방이 있다. 한쪽은 견달산을, 한쪽은 파주를 바라보며 양쪽이 확 트인 거실에서 어르신들은 TV도 보시고 식사도 하시고 커피도 마시면서 같은 유닛의 다른 어르신들과 친구가 된다. 여가 활동, 음악치료, 인지치료 등은 이웃 유닛과 함께 공동 공간에서 진행되지만 주된 생활은 침실이 있는 유닛에서 이루어지기에 유닛은 그 어느 공간보다 안락해야 한다.

또한 보아스에는 부부실도 있다. 특별한 이유로 부부실은 남자 어르신들 마을에 배치해 두었다. 앞서 말했듯이 여자 어르신이 아프면 남자 어르신은 건강하셔도 돌봄이 필요해진다. 부부실은 그런 상황에 계신 분들을 위해 기획되었고 실제로 부부실에 입소하신 어르신들은 여자 어르신이 먼저 아프신 바람에 함께 들어오신 경우가 많다.

과거, 어머니의 병과 아버지의 지친 삶을 어떻게 회복할 수 있을지 우리 남매는 다양한 가능성을 열어 놓고 이리저리 알아보고 또 이곳저곳 뛰어다녔다. 어떤 날은 환경이 좋다고 소문난 실버타운에 갔는데 두 분이 같이 생활하실 수 없다는 말을 들었다.

아버지는 실버타운에, 어머니는 너싱홈nursing home에 계셔야 했고 그래서 실버타운에 아버지 집, 너싱홈에 어머니 집 이렇게 두 채를 별도로 계약해야 했다.

그렇게 여러 곳을 돌아다니다 결국 두 분이 함께 생활하실 수 있는 요양원을 찾았는데 문제는 아버지께서 즐거움을 찾고 기운을 차리실 만한 여가 시설이 전혀 없는 환경이라는 점이었다. 가장 좋은 곳에 모시고 싶다는 생각이 맘처럼 실행되지 않아 많이도 울었다.

우리 남매는 몸과 마음이 지쳐 결국 집에서 도우미를 쓰자는 결론을 내렸지만 24시간 도우미를 구한다는 것은 역시나 쉽지 않은 일이었다. 그에 따르는 비용 역시 만만치 않은 부담이었다.

정신없이 하루하루를 보내는 과정에서 어머니는 한 번 더 쇼크를 겪었다. 그리고 계속되는 입원과 퇴원…. 어머니는 결국 식사와 약을 거부하셨다. 마비가 오고 걸음도 어려워졌다. 체력이 떨어지는 중에도 식사를 거부하는 고집만큼은 꺾이지 않았다. 떨어질 대로 떨어진 체력에 식사까지 거부하시니 어머니의 병세는 깊어져만 갔다.

결국 H 대학병원에 어머니를 입원시키는 것만이 우리가 할 수 있는 전부였다. 연하장애 때문에 어머니께는 콧줄이 필요했다.

그러나 콧줄을 자꾸 빼시는 바람에 나중에는 위루관까지 꽂으셔야 했다. 모든 것이 지칠 때쯤 간병인이 재활 요양병원에 대해 말해 주었다.

그때부터 재활병원 생활이 시작되었다. 어머니가 재활병원에 입원하신 뒤 아버지는 아침 9시만 되면 병원으로 출근하여 어머니 옆에서 멍하니 앉아만 계셨다. 간병인이 챙겨 주는 식사를 하고 5시에 집에 가셨다. 그리고 저녁도 거르고 술과 담배만 하셨다.

어느 날 밤, 담배 태우러 나가시다 계단에서 굴러서 뇌출혈로 입원, 어머니와 함께 재활병원 생활을 시작하셨다. 두 분의 몸도 마음도 상하실 대로 상하신 상태였다. 하지만 옆 병실에 나란히 계시면서부터 오히려 두 분은 안정을 찾은 것처럼 보였다.

너무 많은 길을 돌아온 건 아닐까. 그런 생각이 들었다. 하지만 부모님의 보호자 노릇을 하는 것이 처음이었기에 어쩔 수 없었다. 이런저런 시도를 할 뿐이다. 다만 우리의 모든 노력이 무의미하지 않았다고 여기며 당시의 안정에 감사하는 것이 할 수 있는 전부였다.

어머니와 아버지는 지금도 보아스에 나란히 누워서 생활하고 계신다. 먹고 자고 씻고, 이럴 수 있는 곳을 우리는 집이라 부른다. 하지만 그것으로 집을 정의할 수 있을까. 집이 없거나 집에서 생활할 수 없는 사람에게도 '집이 될 수 있는 곳'은 필요하다. 먹고 자고 씻는 것만이 아니라 '이곳'에서 먹고 자고 씻을 수 있어서 다행이라 여길 수 있는 곳이 필요한 것이다.

집이 될 수 있는 곳

치매,
어떻게 해야 할까

부모님을 집에 모시고 1년이 지날 때쯤 아버지께서 심심하다는 말씀을 자주 하셨다. 집에 온갖 재활치료 도구를 갖다 놓고 운동하고 밖에 나가 산책해도 반복되는 매일은 심심할 수밖에 없다.

아버지의 무료함이 계속되던 어느 날 갑자기, 기저귀를 뜯고 소리 지르시며 욕을 하셨다. 그때의 눈은 평소의 눈과 생김새가 달랐다. 눈이 가늘어지고 쭉 찢어진 모양새였다. 눈동자도 잘 보이지 않았다. 그리고 생전 아버지 입에서 나올 수 없는 그런 험한 욕을 하셨다. 자꾸 침대 난간에 다리를 턱턱 걸치고 넘어오시려고 했다. 밤새 고함치고 발버둥 치다가 급기야 뱃줄도 뽑으셨다.

소식가지만 대단한 미식가였던 아버지가 식사를 입으로 못 하는 게 얼마나 화가 나면 저러실까.

낯섦과 무서움은 잠시였고 안타깝고 속상한 마음이 가득했다. 어쨌든 위루관은 다시 연결해야 했고 서둘러 응급실로 향했다. 아버지는 병원 침대에서도 계속 고함치며 난동에 가까운 행패를 부리셨다. 입원 후 정신과와 신경과 협진이 시작되었다.

치매. 치매라고 했다. 평소에는 말씀도 잘하고 구구단도 잘 외우시는 등, 아무런 이상이 없었기에 처음엔 납득하기가 어려웠다. 이게 치매라고? 왜? 하지만 지금처럼, 어떤 때에는 갑자기 돌변하시며 전혀 다른 사람이 되었다. 마치 지킬과 하이드처럼.

살아온 이력을 통해 치매와 문제 행동에 대한 원인을 알아내고 해결이 가능한 방안이 있는지 고민해 본다. 문제 행동이 나타난 근원은 알겠는데 그 해결 방안은 아무리 고민해도 명확한 답이 없다. 뇌에 생긴 병. 그 이상의 것을 우리는 아직 알아내지 못했다. 치매, 인지장애는 병이다. 아직은 완벽히 고칠 수 없는 병. 하지만 치료법을 모른다고 해서 외면할 수 없고 그래서도 안 된다. 낮에는 마냥 주무시는 것 대신 활동량을 늘려야 한다. 자연을 많이 보셔야 하고 색칠 놀이를 통해 감각을 깨우고 노래도 부르

집이 될 수 있는 곳

며 다른 사람들과 같이 어울리게 해야 한다.

치매의 악화를 지연시키는 것만이 지금의 의술로 할 수 있는 전부이지만 앞으로는 치매 치료를 위해 더욱 많은 논의와 방안이 등장하길 소원한다. 그리고 그 과정에서 현재로서는 완치를 희망할 수 없는 치매 환자들의 삶 역시 개선되기를 바란다. 완치라는 목적지에 도달하는 것도 중요하지만, 더 중요한 것은 그 과정을 통해 사회에서 소외된 사람들이 가시화되고 고려되는 것이다.

보아스에 있는 여러 치매 어르신들이 떠오른다. 그 작은 걸음에 어떤 보탬이라도 될 수 있을까? 알 수 없지만 적어도 그런 방향으로 나아가고 싶다.

어서 오세요,
보아스입니다

보아스의
문을 열다

　보아스의 개원일은 원래 2020년 4월 1일이었다. 코로나가 터지기 전까지는 그랬다. 금방 지나가는 계절 독감 정도라 생각했던 이 신종 바이러스는 모두가 알다시피 그리 만만한 상대가 아니었다. 자연스레 보아스의 개원일 역시 늦춰질 수밖에 없었다. 일주일 단위로 급변하는 상황에 개원일을 확정하기란 쉽지 않았다.

　그러던 어느 날 개원 전부터 보아스에 입소하길 원하시던 한 어르신께서 더 이상 기다릴 수 없다며 강력하게 입소를 희망하셨다. 보아스의 문은 2020년 4월 20일에 그렇게 열렸다.

　첫 번째 입소자는 뇌경색 편마비인 여자 어르신이셨다. 왼쪽 편마비에도 불구하고 보행기를 사용해 혼자 걸어 다니는 당찬 분이었다. 어르신의 남편은 2019년에 돌아가셨다. 어르신은 이후의 여생을 며느리와 사는 건 며느리와 자신, 둘 모두에게 별로라며 요양원에 오시길 스스로 희망하셨다.

보호자와 함께 처음 보아스에 방문하신 날, 어르신은 요양원 구석구석을 돌아보셨다. 물리치료실과 옥상, 교회가 있는 것이 마음에 든다고 하셨다. 무엇보다 1번 입소자로 이곳에 들어올 수 있다는 사실에 크게 만족하신 것 같았다. 왜 그렇게 1번이 중요했냐고 훗날 여쭤보니 요양원에서 일어나는 어르신들 간의 미묘한 알력 다툼에 관한 얘기를 들으신 모양이었다. 어르신들이 많은 곳에 들어가면 먼저 입소한 어르신이 대장 노릇을 해서 문제가 생긴다며 자신은 그런 꼴 못 본다고 말씀하셨다.

입소하시고 3년여가 지난 지금도 어르신은 자신이 1번 입소자이신 걸 큰 자랑으로 삼으신다. 신체 상태도 인지도 예전 같진 않으시지만 1번이라는 자부심은 여전히 대단하시다. 날 만날 때마다 엄지손가락을 올리며 "1번!"이라고 말씀하시는 얼굴엔 언제나 미소가 가득하다.

원장인 나에게 의미가 큰 만큼 어르신은 보아스라는 공동체 전체에도 소중한 존재이다. 새로운 분이 입소할 때마다 이렇게 말씀하신다.

"나는 내가 결정해서 왔어요. 밥도 주고 목욕도 운동도 시켜주고. 삶에 음악도 있고 미술도 있고 얼마나 좋아요."

사회적 인식 수준이 발전함에 따라 요양원에 대한 시선이 개선되었다고 해도 이곳에 온다는 것을 일종의 '고려장'으로 여기는 분위기는 완전히 사라지지 않았다. 보아스에 오는 상당수의 어르신들 역시 요양원에 대한 거부감이 있다. 이곳에 오시는 상황 자체에 혼란을 느끼고 더 나아가 절망하시는 분도 적지 않다. 그런 와중에도 1번 어르신은 자신이 선택한 삶에 관해, 선택할 만한 가치에 관해 설명하시곤 한다. 실제로 그분 덕에 이곳에 잘 적응하고 위로받는 분이 많다. 그런 어르신이 첫 번째 입소자여서 얼마나 감사한지 모른다.

앞서 언급했듯이 어르신과 보호자들이 요양원을 알아보며 고뇌하는 가장 큰 이유는 요양원을 고려장으로 여기는 사회적 인식과 가정 내에서 돌볼 수 있는 여력 사이의 괴리이다. 집에 모시는 것이 최선이라 여기며 모든 가정이 어르신을 부족함 없이 돌봐드릴 수 있다면 얼마나 좋겠는가. 하지만 현실적으로 그런 돌봄을 실현할 만큼 시간적, 경제적 여유가 뒷받침되는 경우는 거의

어서 오세요, 보아스입니다

없다.

"자녀들이 모두 생계에 매달려 직장을 다니고 돌볼 사람이 없는데 하루에 3시간 재가 서비스로는 저녁 시간대의 돌봄이 어려워요. 그래서 요양시설 얘기를 꺼내면 안 간다고 하시는데 어쩌면 좋아요. 본인이 결정해서 스스로 오신 분이 있나요?"

이런 보호자의 질문에는 입소 1번 어르신의 이야기를 들려준다. 1번 어르신이 보아스에 오신 과정을 설명하고 이렇게 설득하라고 말씀드린다.

"자녀들 출장 가고 지방 가고 그래서 무슨 일 생기면 큰일이니 한 달만 지내보시고 정 싫으시면 집으로 다시 모실게요."

1번 어르신에 관한 이야기는 사실 입소자 어르신의 마음을 움직이는 데에만 그치지 않는다. 상담하다 보면 보호자들 역시 그 사연에 마음이 움직인다. 요양원에 부모님을 모신다는 보호자의 죄책감이 서서히 안도감으로 변화하는 모습을 보고 있으면 1번 어르신이 보아스라는 공동체의 모든 사람에게 어떤 긍정적 영향을 주는지 다시 생각해 보게 된다.

그렇게 1번 어르신 다음에 입소하는 분들이 점점 늘어났다. 어르신들은 자연스레 한 달, 두 달을 이곳에서 같이 보내고 지금은 어느새 여생을 보내는 친구로 함께하신다. 노년에 여생을 함께할 친구가 생긴다는 것은 어찌 보면 놀라운 경험이다. 이런 놀라운 경험을 실제로 목격하기 전까지 사람들의 편향된 인식은 쉽게 바뀌지 않는다. 어떻게 보면 당연한 일이다.

요양원에 대한 수없는 뉴스들, 이슈들, 지적들. 시설들이 자정 작용을 거쳐 상당 부분을 반성하고 개선해야 하는 것인지 사람들의 인식이 그보다 앞서 개선되어야 하는 것인지 혹은 이 구조 자체를 개혁할 새로운 판이 필요한 것인지. 요양원을 운영하는 입장으로서 고민과 상념이 깊어지는 부분이다.

그러나 1번 어르신을 통해 발견한 소중한 진실은 분명한 가치가 있다. 요양원도 충분한 선택지가 될 수 있다는 것. 그 안에서도 삶의 새로운 경험들이 가능하다는 것. 나는 보아스에서 그리고 다른 요양원에서도 그런 일들이 더욱 많이 가능하길 바란다.

어서 오세요, 보아스입니다

소망이 엮이고
모인 곳

2020년 7월, 처음으로 부부 어르신이 함께 입소했다. 여자 어르신이 장루를 하고 요양병원에 들어가셨는데, 그동안 남자 어르신은 매일같이 면회를 가셨다고 했다. 그런데 코로나 때문에 면회가 불가한 안타까운 상황이 계속되니 아무래도 이제는 두 분을 함께 모실 수 있는 곳이 필요하다고 보호자들이 판단을 내린 것이다. 약 한 달간의 고민이 이어진 뒤 결국 두 분은 첫 부부 어르신으로 보아스에 입소하셨다.

집에서 어머니의 장루 교체 작업을 직접 해왔던 아버님은 여기서도 간호 선생님들이 교체하는 그 과정에 적극적으로 참여하셨다. 작업 시에 가장 힘든 것은 냄새다. 대변이 배꼽 밖 비닐 주머니에 모여 있으니 사실 당연한 일이다. 심지어 그 주머니가 터지는 불상사가 발생할 때의 그 냄새는 말로 표현이 어렵다. 그런데도 남자 어르신은 언제나 그 옆에 딱 붙어 냄새 따위는 신경도 쓰이지 않는다는 듯 하나하나 일러 주셨다.

어머님께는 치매도 있었다. 어머님의 가장 큰 증상은 자꾸 집에 가려고 하시는 것이었다.

"홍천 가자, 홍천 가자!"

마른 몸에서 어떻게 그런 큰 소리가 나오시는지. 90세가 넘은 아버님은 그런 어머님을 휠체어에 태우고 밖으로 나가곤 하셨다. 비가 오는 날이면 로비로 나가서 그곳을 몇 바퀴씩을 도셨다. 어머님은 움직이는 것을 잠시라도 멈추면, "홍천 가자."고 이내 소리쳤고 그럼 아버님은 "어휴 이 할망구." 하면서 잠시 앉아 있다가 다시 일어나서 어머님의 휠체어를 밀고 가셨다. 아버님의 체력이 걱정되어 선생님들께서 "저희가 할게요, 어르신." 해도 "아니야, 내 할망구인데 내가 해야지." 하고 가셨다. 어머님은 예배당에 오시면 소리도 치지 않으시고 찬송가도 가만히 앉아 부르셨다. 참 신기한 일이었다. 그렇게 일 년여를 보내시던 어머님은 이듬해 돌아가셨다.

이후 아버님은 '우리 홍 여사 어디 갔냐'고 어머니를 찾으신다. 어머님이 하늘나라에 가셨음을 알려 주는 메모가 아버님 방에도, 아버님 방이 있는 마을의 입구에도 붙어 있다. 어머님을 찾겠다며 자꾸 나가시려 해서 우리가 붙여 놓은 것이다.

예배당에서도 "우리 홍 여사, 어디 갔나." 하고 물어보신다. "하늘나라 가셨어요." 하면 "아 그렇지 내 정신이." 하면서 눈이 빨개지신다. 보호자들은 1~2주일에 한 번씩 아버님을 어머님 산소에 모셔다드린다. 여자 어르신이 평안히 잠들어 계신 걸 그렇게 확인시켜 드리는 것이다. 그래도 아버님은 여전히 "홍 여사, 어디 있지?" 하고 찾으신다. 그때 누군가 "하늘나라 가셨어요." 하면 "어 그렇지." 하신다. 그것이 아버님의 일상이다.

요즘 아버님은 걸음이 비틀비틀하실 정도로 기력이 많이 빠지셨다. 보호자인 자녀들도 아버지의 기력이 많이 쇠해져서 걱정이라고 했다. 그래서 자주 모시고 나가서 고기도 사드리고 하시라고 말씀드렸다. 아버님은 어머님과 만날 날을 소망하면서 여생을 보내고 계시고, 보호자인 자녀들은 그런 아버님이 더 건강하게 오래 사시길 소망한다. 그런 소망들이 모이고 엮인 곳이 보아스다.

옥상 산책과
견달산

보아스 운영 초기에는 파킨슨병, 뇌 병변 등으로 신체 활동이 불편하여 입소하는 분들이 많았다. 규모가 큰 물리치료실이 있어 재활에 대한 의지가 강하신 분들이 보통 입소했다.

코로나로 대면 면회가 어려운 상황에서 어르신들은 혼자 요양원에 남겨졌다는 고립감과 불안감을 털어 내기 위해 운동과 산책 등의 여러 활동에 적극적으로 참여했다. 그중에서도 옥상에서의 산책 활동은 어르신들에게 특히 많은 위안이 되었던 것 같다.

어떤 어르신은 산책 중 견달산을 바라보고 하늘을 응시하면서 "산이 나를 부르네."라고 시를 짓기도 하셨다. 그러면 다른 어르신들이 소리 내 웃으셨다. 그 한마디가 뭐가 그리 재밌으실까 싶지만 웃음에는 언제나 전염의 힘이 있기에 어르신들은 한참을 그 주제로 웃으며 농담을 주고받았다. 누군가의 웃는 얼굴에 또 다른 누군가가 따라 웃고…. 그렇게 어르신들은 코로나를 버텨 나갔다.

70대 중반의 어느 여자 어르신은 입소 전 남편분이 돌아가시고 지속되는 우울 때문에 힘든 시간을 보내고 계셨다. 압박골절로 허리 통증이 심해 걷는 것에도 지장이 있었다. 해가 지면 불안감이 증폭되어 자녀들을 새벽마다 집으로 부르고… 그런 일이 잦아지다 보니 자녀들의 생업에 차질이 생겨 보아스에 오신 것이다.

입소 첫날, 어르신은 목사님을 붙잡고 기도하면서 울었다. 물론 그날 이후로도 여러 번의 눈물을 보이셨다. 그래도 어르신에겐 의지가 있었다. 꾸준히 물리치료를 받으면서 걷기 운동을 시도하셨다. 두 달쯤 스탠딩 워커로 생활실 거실과 복도를 빙빙 돌며 운동을 시작하더니 나중에는 운동 장소를 옥상으로 바꿔 아침저녁으로 열심히 운동을 하셨다. 견달산이 보이는 하늘을 바라보며 어떠한 힘을 얻으신 것일까. 얼마 안 가 혼자 생활이 가능할 것 같다며 퇴소를 결정해 집으로 가셨다.

현재는 하루 3시간 요양보호사 방문 서비스의 도움을 받아 옥상에 채소도 심으며 생활하신다고 한다. 그 얘기를 들으니 보아스 옥상에 있는 작은 텃밭이 떠올랐다. 하늘이 보이고 비가 오고 바람이 부는 가운데 자라나는 식물은 이곳에도 있고 어르신의 집에도 있다.

집 옥상에 올라가 텃밭에 물을 주는 어르신의 모습을 상상해 본다. 보아스에서 기른 회복의 힘을 혼자서도 여전히 지켜 나가는 중이시겠지. 그 마음과 힘을 언제나 응원하고 싶다.

어서 오세요, 보아스입니다

보호자의
노력

첫 번째 부부 어르신처럼, 보아스의 부부실에는 보통 신체가 불편한 여자 어르신과 치매 등의 질환으로 인지 상태가 좋지 않은 남자 어르신이 함께 입소하신다. 그런데 하루는 뇌경색인 남자 어르신과 치매인 여자 어르신이 부부실에 입소하는 일이 있었다. 사전 입소 신청을 통해 원래는 그해 겨울에 입소하겠다고 하셨는데 다음 해, 설이 지난 다음에 입소 요청을 해오셨다. 처음에는 뇌경색인 아버님의 재활치료를 좀 더 이어 나가길 보호자께 권유했는데 보호자께서는 더 이상의 치료는 의미가 없는 것 같다며 입소를 결정하셨다.

두 분의 사연을 들어 보니 여자 어르신에게 먼저 치매가 왔고 그런 아내를 남편분이 2년 동안 돌보시는 와중에 급성 뇌경색이 와서 왼쪽 편마비가 심해졌다고 했다. 치매인 여자 어르신은 말씀을 잘 하지 않는 편이지만 활동 시간에는 늘 참여하신다. 특히 성경 필사와 책 읽기를 좋아하신다. 남자 어르신은 왼쪽 손과 다리가 마비되어서 휠체어에 타는 것조차 쉽지 않지만 요양보호사 선생님들의 도움을 받아 물리치료, 노래 교실, 예배, 산책 등에 참여하신다. 남자 어르신은 처음에 낯을 많이 가리셨다. 그런데 시간이 지날수록 선생님들과 점점 가까워지더니 이제는 이것저것 여쭤보면 응 응, 답도 잘해 주신다. 남자 어르신은 식사로 죽과 수분 젤리를 섭취하였고 3일에 한 번씩 관장약을 넣어 배변 활동을 해결하셨다.

남자 어르신의 뇌경색 이후 보호자인 아드님은 부모님의 생활을 규칙적으로 만들었다. 아버님의 생활 시스템을 직접 구축하여 도우미가 그에 맞춰 돌봄이 가능하도록 한 것이다. 보호자의 노력으로 만들어진 체계적인 돌봄 시스템은 보아스에서도 유용했다. 보호자께 감사드리며 두 분의 여가 생활이 원활히 이루어질 수 있도록 우리 역시 노력했다.

남자 어르신은 야구 등 스포츠를 좋아하신다. 말씀은 어눌하신데 인지가 있어서 TV로 야구를 보는 동시에 여자 어르신이 무

어서 오세요, 보아스입니다

엇을 하는 중인지 늘 궁금한 눈으로 항상 아내를 좇는다. 남자 어르신은 그렇게 1년을 지내셨는데 입으로 하는 식사가 점차 어려워지게 되었다. 가래와 기침이 심해져 결국엔 콧줄을 하게 되었는데, 여자 어르신은 그것이 남편을 힘들게 한다고 생각하셨는지 자꾸 빼버렸다. 남자 어르신은 위루관 시술을 위해 병원에 입원했다가 코로나에 걸리는 바람에 폐렴이 오고, 그렇게 거의 두 달 이상을 병원에서 생활하신 뒤에야 다시 보아스로 들어오셨다.

그동안 어머님은 이곳에 혼자 계시면서 아버님을 잊어버린 것 같았다. 아버님의 재입소 날, "누구누구 아버지 왔어요. 반갑지요?" 했더니 내 남편이 아니라며 획 나가 버렸다. 그렇게 좋아하는 야구를 보실 때도 늘 아내를 좇던 사슴 같은 눈망울이 슬퍼지는 것을 보니 내 마음이 다 아팠다.

요즈음은 다행히 다시 두 분이 이것저것 활동을 함께 하고 있다. 심지어 두 손을 서로 꼭 잡고 하신다. 음악치료 클래스에서도 예배당에서도 늘 옆자리에 서로가 있다. 그런 두 분을 볼 때면 '함께'라는 의미와 가치를 생각해 보게 된다. 보아스가 그 평생의 동행에 보금자리가 될 수 있다니 참 감사한 일이다.

의지와 목표
그리고 운동

　젊었을 때 뇌경색이 왔지만 젊음이 무기라 했던가, 어르신께
서는 별 무리 없이 공무원 생활로 젊은 날을 보내셨다고 했다. 연
세가 들고 활동이 적어지니 몸이 굳고 걷지 못하는 아버지 수발
을 드는 어머니가 안타까워 남자 어르신을 모시고 보아스에 방문
한 아들분들이 있었다.

　여느 어르신들처럼 이분 역시 집을 떠난다는 결정이 여간 어
려운 게 아니었다. 보아스에 오셔서 방을 꼼꼼히 살펴본 다음, 한
달 남짓 고민의 시간을 가졌다. 그 후 어르신은 결국 휠체어에 탄
채로 보아스에 오셨다.

　처음에는 워커를 잡는 것도 어려워서 바로 앉을 수 있도록 일

어서 오세요, 보아스입니다

정 거리 뒤에 의자를 가져다 놓고 겨우 한 발을 걸을 정도였다. 그렇게 한 발을 힘겹게 내딛고 의자에 앉았다가 의자를 옮기고 또 한 발을 내딛고 다시 의자에 앉는 걸 수없이 반복하셨다. 어떤 한 문장으로는 함축해 표현할 수 없을 만큼 지난한 시간이었다. 처음에는 방에서 거실, 약 3미터 정도의 거리를 의자에 의지해 겨우 걸었는데 6개월쯤 지나니 30~40미터 정도 되는 마을 한 바퀴를 다 도셨다.

이 어르신은 운동치료 이외에는 어떤 활동도 하지 않는다. 거실 소파에 앉아 신문을 보거나 다른 어르신들을 조용히 지켜만 보신다. 가끔은 옥상에 올라가 견달산과 저 멀리 어딘가를 바라보기도 하시는데 아마 그것이 어르신에겐 재미인 것 같다. 그곳을 하염없이 바라보면서 무슨 생각을 하실까 궁금하지만 어쩐지 섣불리 여쭙기가 어렵다.

어쨌거나 워커로 걸어 다니며 일상생활이 많이 좋아지셨고 보호자와 우리 모두 기뻐했다. 그분의 의지와 목표 그리고 운동에 대한 열정은 많은 분들에게 모범이 된다. 그분 덕에 생활실에 운동 붐이 일었으니 말이다. 그 층에 계신 어르신들은 새벽 6시부터 아침 운동을 한다. 워커 보조로 마을을 열 바퀴쯤 도는 분도 있고 각 층에 있는 자전거를 타는 분도 있고 엘리베이터 앞 농구

대 앞에서 멋지게 숯을 던지시는 분도 있다. 그 폼이 생각보다 멋져서 감탄한 적도 적지 않다.

이렇게 의지가 강하고 점잖은 우리의 어르신께서 요즘은 다시 걸음이 힘겨우시다. 걱정되어서 여쭤보면 투박한 경상도 말투로 말씀하신다.

"이제 어쩔 수 없어요. 나이가 그런데요 뭐. 그래도 이곳에서 잘 지낼 수 있으니 감사합니다."

잊고 있었던 세월이 가고 있음을 새삼스레 느낀다. 어르신들은 항상 우리를 배려한다. 살아온 세월의 지혜일까. 상황 판단도 예리하고 어떻게 여생을 보내야 하는지도 명확히 정해 놓고 사신다. 그런 어르신의 말을 우리에 대한 배려로만 여기는 것도 어쩌면 너무 얕은 사고가 아닐까 생각해 본다. 돌봄이 필요한 분들이지만 이처럼 겸허한 태도를 마주할 때면 그들이 얼마나 큰 어른인지 비로소 실감한다. 덕분에 아무 말 않고 견달산을 깊은 눈으로 물끄러미 바라보는 어르신이 무슨 생각을 하시는지 가끔은 알 것도 같다.

어서 오세요, 보아스입니다

어르신들의
마지막 자존감

보아스에 오신 지 2년 이상이 되어 가는데 아직도 목욕 때마다 요양보호사 선생님(우리는 주로 요보샘이라고 부른다.)들과 씨름하는 어르신이 있다. 비단 목욕만을 거부하는 것이 아니라 어르신의 자유를 통제하는 것에 대한 저항이 강한 분이다.

걷는 것이 쉽지 않아 비틀비틀하시면 행여 넘어질까 걱정되어 어르신을 잡아 드리는 순간, "왜 이래, 이년들아. 왜 잡는 건데?" 하신다. "어르신 도와드리려고요." 하면, "너희가 나를 도와줘? 무시하는 거지 이년아."라며 욕설을 퍼붓는다. 욕설뿐만이 아니라 뿌리치고 때리니 도무지 선생님들도 가까이 갈 수가 없다. 혹여 무리하게 다가갔다가는 서로 다칠 수도 있으니 조심스럽기만 하다. 어르신은 의자에 앉아서 소변을 보고 팬티에 대변이 묻어도 결코 목욕은 하지 않는다.

"냄새나? 더러워? 네년들도 나이 들면 다 똑같아져. 네년들은 똥 안 싸고 오줌 안 뉘?"

무차별적인 욕설로 한참 동안 자신의 분노를 내뱉으시면 그제야 힘이 좀 빠지신다. 그러면 때를 놓치지 않고 선생님들이 달라붙어 몸을 씻기고 옷을 갈아입힌다. 그렇게 벌써 2년이라는 시간을 보내고 있다. 점점 기력도 떨어지고 한 걸음 떼기도 어려운데도 여전히 보행기를 사용하지 않는다. 휠체어도 거부하고 기저귀도 거부하신다. 덕분에 어르신의 방은 오물과 악취로 가득할 때가 많다. 본인도 그 냄새가 고역일 것이다. 또한 보행기를 하지 않으면 낙상 사고의 위험 역시 현저하게 올라간다. 그 위험 또한 어르신이 모를 리가 없다. 모든 걸 감수하면서도 어르신이 지키려는 것은 자존감이다. 그 어르신의 마지막 자존감.

우리 엄마도 그러셨다. 뇌경색이 발병되고 나서 어머니는 몸 쓰는 것을 점점 힘들어했다. 원래 아버지와 안방에서 요를 깔고 주무시던 평생의 습관 때문에 어머니는 침대 쓰는 것을 정말 싫어했다.

어서 오세요, 보아스입니다

어느 날은 도우미분이 바닥에서 어머니의 윗몸을 일으키고 나서 다시 온몸을 안아서 서게 하기까지의 과정이 너무 힘이 든 다며 침대의 필요성을 얘기했다. 하지만 어머니의 고집을 이기기 란 쉽지 않았고 결국 딸인 내가 직접 챙기는 수밖에 없었다. 그때 부터 아침에 어머니가 일어나면 바닥에서 침대로 옮겨 드리고 출 근했다.

저녁과 밤에는 내가 어머니를 돌보고 아침 7시에 도우미분 이 오셔서 부모님의 아침, 점심 식사를 챙겨 주었다. 도우미분이 4시에 퇴근하면 허겁지겁 퇴근한 내가 다시 저녁을 차려 드리는 등 밤중의 돌봄을 책임졌다. 그것이 내 일상의 루틴이었다.

그러다 어머니의 팔이 골절되는 사건이 있었다. 어머니는 새 벽에 한 번씩 꼭 화장실을 가셨는데 보통은 아버지가 어머니의 보행을 보조했다. 하지만 그날은 아버지가 술을 드시고 주무시느 라 도무지 일어나지 못하셨다고 했다. 그렇게 어머니 혼자 화장 실에 가시다가 사고가 났다. 이제 밤에는 기저귀를 해야 할 시기 가 온 것이었다. 어머니가 그것을 어떻게 받아들일지, 생각만 해 도 막막했다.

역시나 어머니는 기저귀 사용을 거부했다. 어머니의 그 심경 을 아버지와 내가 모를 리 없었다. 그러나 아버지까지 다칠 수 있는 이 상황에, 두 분 모두를 보호하기 위해서 기저귀는 피할 수 없는 선택이었다. 그렇게 어머니에게 기저귀를 채울 때 눈물이 났다. 어머니의 안에서 무너질 여러 가지의 것들이 떠올랐다.

그렇게 침대 위에서 기저귀를 차고 생활하며 어머니는 삶에 대한 의지를 잃어버린 것 같았다. 식사도 거부하고 누워 있는 것만을 원하셨다. 뇌 병변 이후 언어장애가 온 어머니에게 움직일 수 있는 육신은 마지막 남은 자존감이었다. 그 자존감이 무너지자, 일상도 무너져 내린 것이다. 그렇게 거의 한 달을 집에서 버티다가 어머니는 바짝 마른 상태로 병원에 입원하게 되었다. 급기야 콧줄을 했는데 그것마저 자꾸 빼려고 해서 위루관을 연결할 수밖에 없었다. 어머니가 자신의 생활을 포기한 듯한 이 상황에서도 우리는 어머니를 포기할 수 없었다. 우리를 위해서라도 어머니가 살아 주시길 바랐다. 그 생각만 가득했던 시절이었다. 그때가 2011년, 벌써 12년 전의 일이었다.

어서 오세요, 보아스입니다

기억을
걷는 병

두려움, 불안
그리고 그리움

아내와 사별 후, 혼자 지내던 어느 92세 남자 어르신의 보호자가 상담을 청했다. 새벽이면 자식들에게 전화해서 "나 오늘 죽는다, 준비해라." 그렇게 말씀하셨다고 한다. 그런 새벽이면 놀라 아버지께 달려가 병원으로 모시기를 여러 차례. 결국 가족들이 지쳐 보아스에 모셨고 어르신은 그렇게 입소하게 되었다.

어르신은 6·25 참전 용사로 군번까지 명확히 기억하고 있음에도 불구하고 섬망과 불안증을 동반한 치매가 있으셨다. 그래서 나를 볼 때면 "어머님 오셨어요? 얼마나 보고 싶었는데요."라고 말씀하신다. 어르신들도 아프고 힘들면 어머니를 찾는다. 특히 치매 어르신들에게 '집'이란 개념은 어렸을 때 부모님과 함께 살

기억을 걷는 병

던 기억 속 장소로 인식되기 때문에 자꾸만 혼자 바깥으로 나가시려고 하는 경우가 많다. 집에 있는데도 집에 가고 싶은 그 그리움과 불안을 어떻게 헤아릴 수 있을까.

치매는 기억과 추억이 뒤엉킨 병이라 가슴이 아픈 사례가 많다. 모두가 '집'이라는 공간이 주는 안정감을 알고 있지 않은가. 어느 날 갑자기 돌아갈 집이 사라졌거나 기억나지 않는다면 어떨지 상상해 보자. 끝없는 두려움이 찾아올 것이다. 집에 돌아가시고 싶은 치매 어르신들은 매일같이 그런 두려움을 느끼며 사신다. 그래도 이 어르신은 스탠딩 워커에 라디오를 올려놓고 흘러나오는 트로트 음악에 고개를 끄덕이기도 하시고 생활실을 산책하시며 창밖 어딘가를 하염없이 바라보기도 하시면서 나름의 낭만을 즐기신다.

아직도 이곳이 본인의 집이 될 수 없다고 여기실까. 내가 알길은 없다. 현재의 이곳을 낭만을 즐길 만한 쉼터 정도로만 생각하셔도 충분하다. 어딘가가 집이 되는 첫 번째 단계는 그곳이 쉼이 가능한 공간임을 아는 것에서부터 시작하니까.

어르신은 잘 지내시다가 한 번씩 기력이 빠지는 탓에 새벽에 종종 자녀들에게 전화를 한다.

"오늘 나 죽어. 준비해야겠다."

그러면 며느리는 이제 당황하지 않고 어르신이 좋아하시고 자주 드셨던 보쌈, 순댓국을 사서 보아스로 찾아온다. 어르신은 순댓국 한 그릇을 드시면 기운을 차리고 일주일을 잘 보내신다. 코로나가 아니었다면 주말마다 예전에 가꾸셨던 농장에 가서 자녀들이 키우는 채소도 보시고 좋아하시는 음식도 드시고 좋아하실 텐데 그게 허락되지 않는 상황이 안타까울 때가 많다. 하지만 어르신은 "나 오늘 죽는다."라며 진정되지 않는 불안한 속마음을 투박하게 전한 다음 사려 깊은 며느리를 통해 드시고 싶은 음식을 드시며 마음을 다시 세우신다. 그리움과 불안 가운데서도 살아 내는 다 나름의 방법이 있다.

기억을 걷는 병

치매는
병이다

보아스 물리치료실은 웬만한 재활병원보다 넓다. 우리 부모님이 경험했던 재활치료의 효과를 보아스의 어르신들도 경험하시기를 바랐다. 그러다 보니 개원 초기에는 물리치료가 무엇보다 중요한 어르신들이 보아스를 많이 찾았다. 하지만 시간이 점점 지날수록 그 외의 어르신들이 많이 입소하셨는데 그중에는 치매 어르신들이 꽤 많다. 그래서 지금은 신체 활동엔 제약이 있지만 인지 능력엔 문제가 크지 않은 어르신들, 치매가 있지만 신체 활동엔 큰 무리가 없으신 어르신들 모두 보아스에서 지내고 계신다.

외출 후 도어록 비밀번호를 잊어버리거나 가스레인지에 물을 올려놓고 잊어버리는 등 일상적 정보를 깜빡하는 경우, 식사를 했던 사실을 기억하지 못하고 5분마다 밥 언제 먹냐는 질문을 반복적으로 하는 경우, 집에 간다며 계속 밖으로 나가려고 하는 경우, 내 물건을 누군가 훔쳐 갔다고 의심하는 경우, 이쪽 방과 저쪽 방을 계속 돌아다니는 경우, 강박적으로 문을 계속 닫거나 열고 다니는 경우. 이 모든 행동이 치매, 즉 인지 문제 행동의 단편적인 증상이다.

처음에는 주변인의 지적이나 설명을 통해 본인의 실수 혹은 오류를 이해하신 듯 행동하니 보호자도 치매를 의심하지는 않는다. 증상이 발현되었을 때 질환으로 치매를 인지하는 것이 중요하다. 병에 대한 보호자의 명확한 인지 없이 환자의 행동이 반복되면 모든 증상은 마치 노인의 미련한 아집처럼 보이기 때문이다. 또 '병'이라는 것을 깨닫지 못하면 보호자의 돌봄은 더욱 힘들어지기 때문이다.

치매 어르신들은 가끔 계절과 상관없이 계속 옷을 껴입기도 한다. 이 경우 대소변 실수를 하게 되면 목욕이 배로 힘들다. 치매 어르신들의 대다수가 목욕을 싫어하기 때문에 목욕을 해드리려고 하면 꼬집고 물고 머리채를 잡는 일이 다반사다. 이곳저곳의 문을 닫고 다니시는 것을 제한하거나 바깥으로 나가는 것을 가로막을 때 역시 할퀴고 때리시는 등 저항이 엄청나다. 행동 통제에 대한 거부감이 큰 것이다.

하지만 혼자 바깥에 나가시는 행동만은 어떤 저항에도 불구하고 막을 필요가 있다. 실종과 부상의 위험이 있기 때문이다. 그래서 밖에 나가고 싶어 하시면 얼른 두 손 붙들고 산책을 모시고 나간다. 건물 밖 한 바퀴 돌고 오면 좀 잠잠해진다. 누군가 당신의 물건을 훔쳐 갔다고 소리치면 그런 일이 일어나지 않았다는 걸 알면서도 옷장에 자물쇠를 달아 드린다. 문을 닫고 다니는 분의 의지를 막을 수 없다면 문이 완전히 닫히지 않게 끈으로 매어 놓아야 한다.

어르신들이 우리의 말을 잘 들어 준다면 더할 나위 없이 좋겠지만 치매라는 병은 그런 것이 아니다. 어르신들의 상태를 수긍하며 상황 수습이 가능한 요령들이 매번 있으면 좋겠지만 정공법만이 답인 경우도 있다.

그것이 적용되는 사례가 바로 목욕이다. 서너 사람 달라붙어 옷을 벗겨 드리고 빠른 속도로 비누칠하고 씻겨 드리고 옷을 갈아입히고 나면 진이 빠진다. 어르신에게 맞거나 물리기까지 해서 '요보샘'들의 팔 여기저기가 퍼렇게 멍이 든다. 그렇게 3~5개월이 지나면 목욕을 당연한 일로 받아들이는 분이 있고, 2년이 지나도 여전히 목욕 때마다 사투를 벌이는 분도 있다.

한편 보호자에게만 목욕을 허락하는 여자 어르신도 계시다. 어르신의 보호자는 일주일에 한 번씩 방문하여 여직원 샤워실에서 직접 어머님에게 목욕을 해드린다. 이 어르신을 계기로 여름엔 직원 샤워실을 보호자에게 개방하고 있다. 아직까지는 목욕 활동에 자원하는 보호자는 매우 드물지만 앞으로는 점차 많아졌으면 좋겠다.

어르신 몸을 씻기면서 야윈 부위는 없는지 멍은 없는지 상처는 없는지 보호자가 직접 세월의 흐름을 마주하는 시간도 필요하다. 과거와 현재가 얽힌 시간 속에 살고 있는 치매 어르신의 보호자라면 더욱 뜻깊은 시간일 것이다. 현재의 어르신이 어떤 상태인지 체크하고 또 그것을 어르신에게 인지시켜 주며 교감하는 자리가 될 수 있기 때문이다.

기억을 걷는 병

왜 그때의
기억일까

  "비가 오니 미나리를 어서 다 팔아야 하는데." 그분의 배회는 거기서 시작된다. 젊어서 장사를 하셨고 쫓기며 살던 그 시절에 대한 분노와 상처가 시간이 한참 흐른 현재에 표출된다. 내 돈을 내놓으라며 옆 사람에게 시비를 걸고 화를 내며 주먹을 꼭 쥔다. 그럴 때면 일단 손을 잡아 드린 뒤 밖으로 모시고 나온다. 빨리 가서 미나리 팔아야 하니까 거기로 데려다 달라고 하신다. "어머니. 걱정하지 마세요. 제가 20만 원에 살게요." 하고 말씀을 드리면 두 눈 동그랗게 뜨고 말씀하신다.

  "그렇게나 많이?"

  "네, 어머니 미나리는 최고급이잖아요. 제가 다 살게요."

어느 간호 선생님은 저번에 10만 원에 사드렸다고 한다. 그렇게 팔아 드린 미나리가 벌써 수백만 원어치는 될 것이다.

한 어르신은 석양이 질 무렵이 되면 집에 가서 얼른 애들 밥해 줘야 한다고 생활실을 막 뛰어다닌다. 젊었을 적 선생님이었다고 한다. 고단한 몸을 이끌고 퇴근해 집에 오면 가족들 밥 챙겨 주느라 늘 바빴던 어머니이기도 했다. 이곳에 와서도 그 생각에 늘 바쁘게 다닌다. 그런가 하면 다른 어르신들에게 그렇게 하는 게 아니라고, 마치 학생을 가르치듯이 야단을 치기도 한다. 그러면 또 상대 어르신은 왜 간섭하냐고 버럭 화를 낸다. 생활실 이곳저곳에서 큰 소리가 나기 시작한다. 그러면 서둘러 어르신을 데리고 나간다. 얼마나 걸음이 빠른지 모른다.

하루에도 몇 번씩 짐을 싸는 어르신들도 있다. 아들 밥해 줘야 한다고 짐을 싸서 이 방에 갖다 두었다가 저 방에 갖다 두었다가 거실에 앉았다가 불안해하신다. "어머님, 아드님이 지금 지방에 출장 가서 내일 오세요. 오늘 밤 주무시고 내일 가세요." 하고 말씀드리면 무언가를 생각하는지 혹은 기억을 더듬어 보는지 가만히 앉아 있다가 방으로 들어가신다.

왜 평생 중 가장 힘들게 살았던 시간으로 어르신들은 돌아가시는 것일까. 왜 하필 그 시간일까. 미나리를 팔아야만 하고, 아이

　기억을 걷는 병

들 밥을 챙겨 줘야만 했던 어르신들의 어느 때를 상상해 본다. 각자의 삶 속에서 가장 치열하고 힘든 시간이었을 것이다. 어쩌면 가장 치열하고 힘든 순간이었기에 절대 잊지 못하는 것일지도 모른다. 그래서 여전히 그 순간을 살고 있는 게 아닐까. 삶의 어떤 장면과 순간의 기억에서 어르신들이 홀로 걷고 계신지 나는 알 수 없다. 다만 그 길이 외롭지 않도록 손을 잡아 드리며 또 한 번 미나리를 사드리고 아드님이 출장 갔다고 말씀드릴 뿐이다.

치매 어르신들이 계신 마을에 인지 좋은 어르신이 들어오면 치매 어르신들이 치이기 시작한다. 치매 어르신들의 문제 행동을 인지 좋은 어르신들은 고약하고 나쁜 버릇이라고 생각한다. 그래서 치매 어르신들의 문제 행동에 대해 간섭하고 어떤 때는 그를 넘어 제지하려고 한다.

문이란 문은 죄다 닫고 다니는 어르신, 짐 싸는 어르신, 아무 방에나 들어가서 물건을 이것저것 만지는 어르신을 야단치고 급기야는 손버릇을 고친다며 효자손으로 때리기도 한다. 그래서 어르신들을 분리하기 시작했다.

자주 깜빡하고 말을 반복하는 어르신들은 공동생활에 그리 문제가 되지 않는다. 들어오신 지 2~3주가 되면 생활에 어느 정도 익숙해지고 인지 좋은 어르신들도 이분들을 이해하고 수용하게 되는 것이 일반적이다. 그러나 문제 행동을 보이는 분들은 다른 분들이 본인의 행동에 간섭하면 화가 나서 폭력적인 성향을 보이기도 하므로 이분들을 대상으로 전담 생활실을 만들었다. 그 이후부터 문제 행동이 명확한 어르신들을 위한 산책, 만들기, 체험 활동 등의 프로그램을 구성하고 실행하기 시작했다.

기억을 걷는 병

인내와
감사함

치매 어르신들은 집중이 어렵다. 콩을 고르는 활동을 하다 보면 언젠가부터 콩을 씹고 있다. 블록 쌓기를 하다가 이내 본인이 무엇을 하는지 잊어버리고 색깔별로 블록을 구분해 놓는다. 가만히 누워 있지를 못해서 물리치료도 어렵다. 뭔가를 하고 싶어 하지만 모든 것이 일시적일 뿐이다. 잠시 앉아서 무언가를 만지다가 금세 일어나서 다른 방으로 가신다. 그리고 다른 어르신들의 물건을 만지고 베란다 장식을 다 뜯어서 세면대에 담아 씻기도 한다. 어떤 때는 돈 내놓으라며 이 어르신 저 어르신을 쫓아다닌다. 급기야 언성이 높아질 순간이 되면 얼른 모시고 나간다. 로비도 좋고 옥상도 좋고 외부 공기 마시러 이리저리 다니면서 기분을 환기해 드린다. 다른 곳으로 주의를 돌리면 이전의 일은 잊어 버리신다.

이분들을 돌보는 요보샘들은 눈이 더 바쁘다. 잠깐 사이에 놓쳐서 사고가 날 수 있기 때문이다. 직접적으로 행동을 통제하지 않아도 매 순간 어르신들을 시야 안에 두고 관찰한다. 대개 이런 어르신에게는 약이 필수적이다. 움직임을 적게 하고 성정을 누그러뜨리는 안정제. 그런데 그 안정제가 부작용을 일으켜서 거동을 힘들게 하기도 하고 가끔은 기분의 낙차를 더 심하게 만들기도 한다. 신경정신과 협진을 통해서 어르신들의 들뜨는 성정을 누그러뜨리는 정도로 약을 처방해서 가져와 달라고 보호자에게 요청하지만 어려운 일임을 안다. 그렇기에 의사 선생님도 같은 약의 용량을 늘렸다 줄였다 할 뿐이다.

그래서 나는 우리 요보샘들에게 견딜 수 있다면 최대한 견뎌 달라고 권한다. 죄송스럽지만 인내하기를 요구하는 것이다. 그러나 어르신 스스로 잠을 자지 못해 밤새워 헤매거나 다른 어르신들의 생활에 방해되는 행동을 하신다면 보호자께 얘기하여 약 처방을 받아 오게 한다.

어르신들이 낮에는 활동을 활발히 하고 밤에는 주무실 수 있도록 하려면 요보샘들 역시 더 바삐 움직여야 한다. 참 미안하고

85

감사하게도 요보샘들은 그런 생활에도 적극적으로 따라 주신다. 이런 상황에서도 항상 우리의 요보샘들은 지혜롭고 따뜻하다. "엄마 밥 먹어야지, 이빨 닦아야지, 이따 간식 줄게." 같은 말들을 입에 달고 산다. 그렇다고 예의 없이 대하는 것이 아니다. 자신의 어머니에게 하듯 정성을 다한다. 덕분에 쓰레기를 버리러 갈 때나 산책하러 갈 때나 식사하러 갈 때도, 어디든 요보샘 옆에는 언제나 한두 분의 어르신이 계신다.

치매 어르신들은 편식이 심하고 고집도 심해 달고 짜고 맛있는 거만 골라 드시고 저염식은 싫어한다. 간이 약한 것은 안 먹겠다고 입을 꼭 다물고 있으면 사정사정해서 한 입 드시게 한다. 이 모든 과정에 요보샘들의 엄청난 노력이 담겨 있다. 그런데도 요보샘들은 일상생활 하는 법을 점점 잊어가는 어르신들께 해줄 수 있는 게 없다며 마음 아파한다. 본인들 덕분에 어르신들이 자존감을 지키며 지낼 수 있는 것인데 그렇게 말씀하는 걸 보면 마음이 아프면서도 감사하다.

요양보호사란 감정적으로도 육체적으로도 엄청난 노동 강도를 감당해야 하는 직업이다. 하루에 열 번도 넘게 힘들고 지치지만 한 번이라도 어르신이 움직일 수 있고 한 번이라도 웃을 수 있으면 됐다고 말씀하는 우리 요양보호사 선생님들을 보며 나 역시 많은 것을 배운다.

거북이가
의미하는 것

　　루이소체 치매*로 입소한 여자 어르신이 계셨다. 루이소체 치매는 근육이 계속 빠지면서 기력이 떨어지고 조울증으로 인해 기분이 자주 변한다. 자녀들이 정말로 조심스레 모시고 왔지만 3주 정도 지내다가 다시 모시고 갔다. 그리고 6개월 후 그 어르신은 다시 입소했다. 어르신은 그 당시 자신이 왜 여기에 왔는지 누구

＊ 루이소체 치매는 알츠하이머 치매 다음으로 흔한 퇴행성 치매의 원인 질환이다. 루이소체 치매 환자의 대뇌 피질 신경세포 내부에서 알파-시누클레인이라는 단백질이 침착되어 형성되는 루이소체가 관찰되어 이와 같은 병명을 가지게 되었다. 일중 변동이 있는 인지 기능 저하, 환시, 렘수면 행동장애, 파킨슨증이 특징적인 증상이다. 치매 환자 중 약 3.8%가 루이소체 치매로 진단되는 것으로 알려졌지만 실제로는 이보다 더 많을 것으로 추정하고 있다.[서울대학교병원 의학 정보]

를 붙잡고 물어봐도 대답을 해주지 않아서 나갔노라고 미안하다고 했다. 지금은 이곳에서 지내야 하는 이유를 명확히 안다며 조리 있고 점잖게 말씀하시는데 그렇게 설득력이 있을 수 없다.

이 어르신은 의심증이 있는 어떤 어르신과 같은 방에서 생활하는데, 뭐가 없어졌다고 하면 "찾아 드릴게요."라며 다독이시기도 한다. 불편하지 않으실까 걱정하면 괜찮다며 저분은 그게 병이라며 오히려 우리를 다독인다. 밖에서 어르신들이 큰 소리로 요보샘에게 뭔가를 요청했는데 즉각적으로 처리해 주지 않아 화를 내면 "다른 어르신 돌보느라 바쁜데 좀 참으면 되지." 하고 타이르신다. 또한 어르신들끼리의 트러블로 소리가 커지면 "우리 어르신이 오늘은 좀 짜증이 나시는가 보다." 같은 부드러운 말로 관계 속 교통정리를 하신다. 이분이 처음 입소했을 당시 '왜, 내가 여기 왔느냐'고 하실 때 한두 번 대답하다가 나중에는 대답을 피했던 기억이 나서 부끄럽고 죄송했다.

재입소하고 나서 얼마 후 그분은 코로나에 걸려 병원으로 가셨다가 회복되어 다시 돌아오셨다. 보호자들은 얼마나 속상했을까. 기껏 어르신을 다시 모시고 왔는데 또 코로나에 걸렸으니 당연히 우리를 원망하겠노라 생각했다.

회복하고 다시 들어오셨을 때 보호자께 정말 죄송하다고 말씀드렸더니 "우리 어머니가 연로하시고 면역력이 떨어져서 그랬는데 저희가 죄송하지요." 하는 그 말씀이 얼마나 위로가 되었는지 모른다. 마치 '여러분들이 얼마나 최선을 다하고 있는지 충분히 알아요.'라고 말씀하는 것 같았다.

어느 날 아침 아드님이 보아스로 전화를 주셨다. 어머님이 평생 모은 거북이 모형들이 있는데 기증하고 싶다고 했다. 어머님

이 여기 계시니 자기들이 보관하는 것은 별 의미가 없고 여기 진열해 두고 어머니가 왔다 갔다 하시면서 보시는 게 오히려 값지다고 했다.

그날 이후 거북이 반지, 거북이 브로치, 거북이 열쇠고리까지 다양한 거북이들이 1층 로비 한쪽에 옹기종기 모여 있다. 못해도 200점은 족히 넘을 것이다. 거북이를 좋아해서 여행 다니며 거북이만 모으셨다고 한다. 작품 하나하나가 모두 예쁘고 앙증맞다.

기억을 걷는 병

처음에는 손이 탈까 걱정했는데 아직 모든 거북이 작품들이 원래의 모습 그대로 그곳에 자리하고 있다. 한자를 잘 쓰는 분에게 참을 인忍 한 글자 써주시면 안 되냐고 부탁했다. 그러자 그분이 흔쾌히 글씨를 쓰며 "그래, 거북이의 의미는 참는 거지." 하셨다.

로비 한편에서 각자의 빛대로 반짝거리는 그 많은 거북이를 보고 있자니 보아스에 있는 우리 모두의 얼굴이 그곳에 대입된다. 거북이의 가르침처럼 그리고 거북이를 사랑하는 어르신이 가끔 하시는 말처럼 우리는 함께이기에 많은 것을 참을 줄 알아야 한다. 아니다. 이렇게 말해 보자. 우리는 함께라서 의미가 있기에 조금 더 참을 줄 알아야 한다.

그 안에
사랑이 있다

　알츠하이머 치매인 1966년생 숙희 씨가 입소했다. 7년 전부터 치매가 시작되었단다. 대기업 고위직이었던 남편분은 회사도 그만두고 5년 전부터 숙희 씨를 집에서 돌보기 시작했다. 남편분께서는 아들이 여름에 결혼한다며 그 이후 입소를 진행해야 할지 고민이라고 했다. 원래는 요양원 생각이 없었는데 두 아들이 아버지의 삶도 소중한데 하루 24시간을 몽땅 엄마에게 쏟고 있는 게 속상해서 자신을 설득했다며 머쓱하게 웃었다.

　아빠와 두 아들 그리고 숙희 씨의 오빠와 언니가 같이 보아스에 상담을 왔는데 오십대 초에 치매가 온 엄마, 아내, 동생을 보는 가족들의 마음을 상상하기 힘들었다. 영화「내 머리 속의 지우

개」가 현실이 된 그 순간이 어땠을까.

젊은 나이에 알츠하이머 판정을 받은 환자는 나이가 많은 환자보다 병의 진행 속도가 훨씬 빠르다. 발병 7년째인 숙희 씨는 무엇을 하든 도움이 필요하다. 숙희 씨는 아직 가족을 알아본다. 남편과는 응, 아니요, 정도로 짧게 대화를 나눈다. 남편분은 함께 살면서 숙희 씨를 돌볼 수 있는 환경을 원했으나 아버지의 삶이 존재하길 바라는 두 아들이 반대하였다. 코로나바이러스로 요양원 출입이 까다로운 상황이지만, 남편분의 마음을 배려해 올 때마다 코로나 검사를 하고 들어오는 조건으로 마을 입구 쪽 침실을 숙희 씨의 방으로 배정했다.

나에겐 드라마 「여름향기」 속의 손예진보다 더 예쁜 주인공 같은 숙희 씨. 숙희 씨는 정말 아무것도 하지 못한다. 일단 움직이지를 못한다. 밥을 먹여 줘야 하고 양치도 해주어야 하고 말도 없고 표정도 없다. "안녕하세요?" 하니 그저 "안녕하세요?" 하고 따라 할 뿐이다.

남편분은 보아스에 매일 출근하다시피 하고 있다. 숙희 씨의 식사 시간이 워낙 길기도 하고 자신이 직접 먹여 주는 것이 마음 편하다며 점심, 저녁 식사는 남편분이 담당한다. 식사 후 양치 역시 자연스레 남편분이 한다. 그리고 오후에는 옥상이나 건물 주변을 함께 산책하고 주말에는 물리치료실에서 자전거를 태워 주며 운동 보조까지 자처하고 있다. 아직 쓰임이 많을 남편분의 능력과 세월이 아까워 다 맡기고 주말에 한 번씩만 오시라고 해도 멋쩍게 웃고 만다.

예전에 엄마가 입원한 병원을 오가셨던 아버지 생각이 난다. 9시에 출근해서 엄마 침대 옆 보조 침대에 종일 누워 계시다가 간병인이 차려 준 점심을 같이 먹고 5시에 버스 타고 집으로 돌아오던 아버지의 마음이 이분의 마음과 같았을까?

토요일에는 두 아들이 방문한다. 숙희 씨가 오래 기억할 수 있도록 두 아들은 매번 같은 대화를 한다. 7년 동안 한결같은 그 가족이 사랑스럽고 존경스럽다. 그래도 남편분의 능력이 너무 아까워 이제 우리가 할 테니 나라에 도움이 될 일을 찾아보라고 매번 권한다.

기약할 수 없는 돌봄의 시간. 그 시작과 끝은 아무도 알지 못한다. 조심스러운 이야기지만 보호자가 되어서 돌봄 생활을 해나가는 것은 삶의 중요한 요소를 희생하는 선택과 맞닿기도 한다. 안타깝지만 결국은 보호자가 해야 하는 어려운 선택이다. 하지만 숙희 씨의 옆에 딱 붙어 지극정성으로 돌보는 남편분의 애틋한 모습을 보고 있자면 보호자의 의무와 책임 그 이상의 무엇이 느

기억을 걷는 병

껴진다. 돌봄 가운데 선택과 희생은 불가피한 것이지만 그것만으로 설명되지 않는 사랑도 분명 그 가운데에 있다.

요양원에
간다는 것

입소할 때와
퇴소할 때

　보아스가 문을 연 지 어느덧 햇수로 4년 차다. 현재 235분을 모시고 있고 보아스를 거쳐 간 분들을 헤아려 보면 그 수가 300분도 넘는다. 들어온 지 단 하루 만에 나간 어르신도 계시고 단 하루 만에 모시고 간 보호자도 있다.

　자신이 왜 이곳에 온 건지 알 수 없어 요보샘들에게 화를 내고 밤마다 전화로 가족들을 못살게 구는 바람에 보호자들이 모시고 다시 집으로 가신 어르신도 있었고 어머니의 의식이 점점 흐려지는데 이곳에서 생활하면 조금이라도 회복될까 싶어 모시고 왔다가 다음 날 어머님의 빈자리가 너무 커서 도저히 못 견디겠다며 사과하고 다시 어르신을 모셔 간 보호자도 있다.

두 경우 모두 이해가 되는 일이다. 입소하고 퇴소하는 것이 자유롭다 보니 이런 경우가 다반사이기 때문이다. 그렇기에 요양원들에서는 보통 한 달 치의 비용을 미리 받는다. 퇴소하기 보름 전쯤 보호자가 퇴소 의사를 요양원 측에 알려 주면 퇴소 가능 여부를 타진한 다음 진행하는 것이 보통의 절차이다.

초기에 보아스를 운영하며 위와 같은 계약 규정의 필요성을 절실히 느꼈지만 그래도 어르신들이나 보호자들의 선택을 최대한 존중해 주는 게 보아스의 방향성과 어울린다 생각하여 한동안은 직전 날 혹은 당일에 퇴소를 요청해도 다 받아 주었다. 하지만 실질적인 운영 문제로 인해 현재는 일주일이나 열흘 전 퇴소 일정을 알려 달라고 당부드리고 있다.

대부분의 퇴소 이유는 어르신들의 질환과 긴밀히 연결된다. 요양원에 머무르기엔 무리가 있는 어르신을 판단하는 근거로는 고열이 지속되거나 산소 포화도가 회복되지 않거나 혈압이 낮거나 혈당이 안정되지 않고 왔다 갔다 하는 증상이 있는 경우다. 또한 염증 수치가 높거나 소변 활동이 쉽지 않거나 복부가 팽만해지는 등의 이유로 어르신께서 병원에 가시는 횟수가 잦을 시 의사가 있는 병원에 모시는 게 적절하다고 권해 드린다. 이따금 그런 케이스임에도 불구하고 보아스에 돌봄을 요청하는 보호자들도 있다. 욕창이 너무 심하고 수혈이 반복적으로 필요하신 경우는 간호 담당 파트의 선생님이 증세와 정도를 판단하고 가정간호로 몇 주 지내시게 하다가 병원을 권해 드린다.

질환이 깊어져서 퇴소하는 분들도 있지만 다른 이유로 갑자기 퇴소하는 어르신들도 있다. 보아스의 선생님들이 적절한 돌봄을 제공하지 못한 경우나 보호자가 무리한 돌봄을 요청하여 우리와 보호자 사이의 원활한 소통이 어려워 이곳을 원망하며 퇴소하신 분도 있다.

어르신들 가운데 여러 이유로 가족의 돌봄을 기대할 수 없고 다른 사람의 돌봄을 받아야 한다고 스스로 인지하고 보아스에 입소한 분들도 계신다. 그러나 보호자들의 권유로 입소하신 분들이 대부분이다. 그래서 아직 요양원에 올 마음의 준비가 전혀 되지 않으신 경우가 많다. 그럴 때는 일단 자녀들이 부모님께 부모님의 상태를 정확히 인지시켜 드려야 한다. 그래도 설득이 어려울 때는 자녀들이 출장을 간다거나 요양보호사 근무가 어려워졌다거나 충분한 식사와 운동이 필요하니 의사가 당분간 건강 센터에 모시라고 했다는 등의 회유책이 필요하다.

그렇게 오신 어르신들은 새로운 환경을 둘러볼 틈도 없이 자녀들에게 전화부터 하신다. 내가 왜 여기 왔니? 너는 언제 오니? 전화 소지가 가능한 보아스의 어르신들은 자녀에게 밤낮으로 전화하신다. 강단 있는 보호자들은 당분간 어르신의 전화를 차단하고 마음이 약한 보호자들은 1분에 한 번씩 걸려 오는 전화를 모두 받다가 종국에는 지쳐 버려 어르신께서 요양원이라는 시설을 본격적으로 경험해 보기도 전에 모시고 간다.

어떤 선택이 옳고 그른지는 절대 논할 수 없다. 요양원에 입소하고 퇴소하는 것은 당연히 자유로워야 하는 일이다. 다만 그런 자율성이 바탕이 된다면 스스로 요양원에 가는 것을 선택하는 사람들도 많아야 균형 잡힌 모습이 아닐까. 요양원이 기피되지 않고 온전한 선택지가 되는 날이 온다면 퇴소자분들 한 명 한 명의 뒷모습을 바라보는 내 마음이 지금과 같이 무겁진 않을 것 같다.

요양원 생활과
삶의 질

아침 식사 후 밤새 안녕하셨는지 어르신들에게 인사드리며 13개 마을을 한 바퀴 돈다. 마을이 형성된 순서에 맞춰 각 마을은 순차적으로 안정화되고 있다. 그래서인지 형성된 지 1년이 채 되지 않은 진달래 마을B가 늘 염려스럽고 신경 쓰인다.

오늘 아침에도 각 마을에 인사드리며 며칠 전 어르신 한 분이 풀때기 반찬 줄이고 고기 많이 달라고 하신 기억이 나 "어머님, 요즘은 불고기 닭고기 반찬이 많이 나오네요." 했더니 웃으며 고맙다고 하신다. 그 옆에 계신 어르신도 "여긴 참 좋아요, 천국이에요. 예수 믿으면 천국 간다더니 정말 천국 왔어요. 감사해요." 그러신다. 어르신들의 미소 짓는 표정을 보며 그래도 이젠 이 마

요양원에 간다는 것

을도 안정이 된 것 같아 안도감이 든다.

원래 마을이라는 공동체는 시간이 쌓여야 유대와 안정이라는 그 기능을 다 하기에 조급해하지 않으려 한다. 1번 입소자 어르신이 계신 첫 번째 마을이 지금은 얼마나 단단한 공동체인지 떠올려 보면 마음이 든든하다.

어느 어르신의 보호자로부터 문자가 왔다. 어제 면회를 다녀왔는데 어머니께서 여기가 좋다, 여기서 살겠다고 집을 정리해 달라고 하셨단다. 이곳에 적응하는 데 3개월은 족히 넘겠다고 예상하고 있었는데, 어머니가 한 달 만에 결정을 내려서 놀랐다며 잘 돌봐 주어서 감사하다는 내용의 문자였다.

그 어르신은 갑자기 허리를 다치는 바람에 병원에 입원했다가 집으로 퇴원하기가 어려워 여기로 오신 분이었다. 입소 첫날부터 왜 여기로 왔는지 자녀들과 친구들에게 불이 나게 전화하며 나 데리고 가라고, 내가 있을 곳이 아니라고 종일 한탄하신 기억이 난다. 그러다 주위 분들과 친구가 되고 교회도 다니면서 점점 외부에 전화하는 횟수가 적어지더니 종국에는 이곳의 생활이 마음에 드셨던 모양이다.

우리는 언제나 한결같은 태도와 한결같은 정성으로 돌봄에 임하려 노력한다. 그러나 요보샘들의 개인적인 성정과 어르신들의 성정, 또 예상치 못한 변수 등으로 돌봄과 관련한 어르신들의 만족 정도는 천차만별이 될 수 있다. 어떤 분들에게 이곳은 천국이고 어떤 분들에겐 삭막한 요양원 그 이상도 그 이하도 아닐 수 있다는 점을 명심해야 한다.

보아스를 거쳐 간 분이 300분이 넘는 것도 그러한 이유일 것이다. 몸이 좋아져서 나가는 분, 병원에 가는 분, 고향 친지가 모신다고 내려가는 분 등 여러 합리적인 이유로 퇴소하는 분들도 계시지만 적응하지 못하고 그냥 집에 가고 싶어 퇴소하는 분들도 있다. 집에서 오신 어르신들, 특히 혼자 사는 어르신의 경우가 그렇다. 신체적, 인지적 저하 증세가 나타나면 가족들은 당황스럽다. 직장에 가야 하고 학교에 가야 하는 가족의 일상이 어르신의 변화로 한순간에 혼란에 빠진다. 엉켜 버린 생활에 당황하다가 보호자들은 결국 상담을 받으러 온다. 보호자들이 보아스를 마음에 들어 하면 어르신도 자신에게 지금 신체적, 인지적으로 뭔가 이상이 생겼음을 느끼기에 따라오기는 한다. 며칠 계시면서 물리치료도 받고 다른 분들과 담소도 나누며 이곳의 삶을 긍정적으로 바라보는 분도 계시고, 내가 왜 여기 있는지 계속 자녀들에게 전

요양원에 간다는 것

화하며 이곳의 생활이 얼마나 별로인지 끊임없이 토로하는 분도 계신다.

그중에는 실제로 집에서 생활해도 괜찮을 어르신들도 계신다. 잠깐 비밀번호를 잊어버렸거나 잠시 섬망이 왔거나 잠시 식사를 못 하신 경우가 그렇다. 물론 그 잠시가 어떻게 반복될지는 아무도 모른다. 그렇기에 자녀들은 염려의 마음으로 요양원에 모셨지만 어르신 입장은 그렇지 않은 것이다. 아직은 혼자 할 수 있다는 생각이 강한 분들이고 또 그만큼 의지가 강하기 때문에 약간의 도움만 주면 낮에는 주간 보호 센터의 도움을 받으며 집에서 생활할 수 있는 분들이 많다. 객관적으로 보아 보행기를 활용해서 화장실에도 갈 수 있고, 스스로 위험과 안전에 대해 판단력이 있는 분들은 어르신의 생각대로 해드리는 것이 좋겠다고 보호자에게 말씀드린다. 한번 이곳을 경험했으니, 어르신이 필요하다면 아마도 자녀들에게 얘기해서 다시 오실 거라고 덧붙인다.

그래도 집에 모실 수 없는 분들은 어르신을 다른 요양원으로 모시고 간다. 어르신의 이런저런 불평을 해소할 수 있는 곳을 찾아야 하는 여정을 다시 시작해야 하는 것이다. 집으로 가신 분들 가운데는 어찌 사는 것이 좋을지 가족들과 지혜를 모아 방법을 찾고 잘 지내는 분도 있고 집에 계시다가 다른 요양원으로 가신 분, 상태가 안 좋아지는 바람에 병원에 가신 분도 계신다. 물론 다시 돌아온 분도 계신다.

　이 과정에서 어르신의 신체적 인지적 상태를 면밀하고 객관적으로 진단하는 것도 중요하지만 그분의 의지와 선택을 들어주려는 노력 역시 중요하다. 많은 보호자가 걱정이 앞서는 마음에 최대한 빨리 시설에 모시고 싶어 한다. 이럴수록 한번쯤 진득하게 어르신과 대화하길 추천한다. 가정 내 모든 상황을 차치하고 어르신의 의지에만 따르라는 뜻이 아니다. 어르신을 설득하는 와중에 그분의 마음을 마냥 고집으로만 치부하는 시선을 거두고 시설을 거부하는 근원적인 마음을 달래 드리라는 것이다.

　자녀들이 인내하고 들어주는 것은 물론 감정적인 위로가 될 수 있다. 하지만 그것만으로는 부족하다. 본인이 왜 이곳에서 지내야 하는지 두 번째 입소 때에야 납득했다는 어느 어르신의 말처럼 시설과 공동체에 대한 명확한 설명은 요양원 생활의 적응과 만족도, 나아가 삶의 질에도 큰 역할을 한다.

죽음도
삶의 과정이다

요양원의
밤

한밤중에 오는 전화를 받을 때는 언제나 심호흡이 필요하다. 분명 응급 상황을 알리는 연락일 것이다. 어르신의 의식이나 호흡에서 이상을 발견했거나 열이 올라 떨어지지 않거나 화장실을 가다가 넘어진다거나… 긴박한 상황의 가능성을 나열하자면 수도 없이 많다. 이런 상황을 발견하면 우리가 할 수 있는 즉각적 조치를 하고 늦은 밤일지라도 보호자에게 연락을 취한 뒤 응급실에 가는 협조를 구한다. 이런 상황을 여러 번 겪은 보호자의 경우 바로 응급실로 모시는 것을 불필요한 절차로 보고 상태를 지켜보자고 요청하기도 하는데 보호자에게 충분한 경험치가 있다면 때론 그 판단에 따르기도 한다.

죽음도 삶의 과정이다

응급실 이송 및 병원 치료 후 어르신이 다시 보아스로 오신다면 다행이고 일반 병실에 입원하게 되면 그것 또한 다행으로 여긴다. 그러나 중환자실에 입원하는 경우에는 마음 한구석이 답답해진다. 그 깊은 밤 보호자들은 갑작스러운 연락에 얼마나 놀랐을까. 어르신들도 걱정되지만, 힘겨워하는 어머니 혹은 아버지 앞에서 어린아이처럼 어쩔 줄 몰라 하는 보호자들을 보면 생각이 많아진다. 그들과 같은 처지였던 내 모습이 떠오르고 나의 불안이었던 그들의 불안이 생생하게 느껴진다. 앞으로도 이런 상황들이 반복될 텐데 모두가 잘 견뎌 낼 수 있을지 걱정이 앞서기도 한다.

이런 어느 밤에 대해 조금 더 구체적이고 현실적으로 이야기를 해보고 싶다. 의사가 없는 요양원에서는 정확한 진단이 불가능하기에 오히려 수많은 가능성이 생겨난다. 현재 나타난 증상이 일시적인 현상인지 아니면 즉각적인 치료가 반드시 이루어져야 하는 위급 상황의 신호인지 판가름이 어렵기 때문이다. 설사 별일 아닌 것으로 결론이 난다고 해도 보호자에게 연락을 취해 빨리 병원으로 모시게 하는 것이 우리의 도리이다. 이런 일이 반복되는 주기가 짧아지면 보호자에게 의사가 있는 요양병원에 가는 것이 어떨지 조심스럽게 권유하기도 한다. 순간을 잘 대응하면 더 오래 사실 수 있는 것인지, 연명 치료 형태로 버티고 있으신 것인지 누구도 가늠하기 어려운 일의 판단을 보호자에게 맡기는 것이 가혹한 짐임을 안다. 하지만 누구도 판단하기 어렵기 때문에 결국 보호자밖에 없다. 무엇보다 그 사실이 가장 안타깝다.

누군가는 병원으로 가신 다음 소식이 없는 분들도 계시고 누군가는 다시 이곳으로 오셔서 여생을 우리와 함께하게 된다. 조심스럽지만 그중엔 임종까지도 여기서 맞이하길 바라는 분들도 있다. 어떤 상황이 더 낫고 행복한지에 대한 정답은 없을 것이다. 그저 우리는 그 모든 선택이 어르신들에게 최선이었기를 바랄 뿐이다. 어느 한 밤의 일과 선택으로 정리되는 삶은 없다. 그 이전과 이후가 있고 그 모든 연속이 삶이다. 그리고 그 삶의 어느 시절을 보아스에서 보내신다면 그분들을 위해 우리는 그저 최선을 다할 것이다. 긴박한 밤이 지나간 뒤의 아침을 맞이하고 또 다가올 밤을 준비할 뿐이다.

죽음도 삶의 과정이다

암 환자
어르신들

암으로 이곳에 오신 몇몇 분이 계신다. 암 투병 중인 어르신들의 경우 언제 어떤 일이 생길지 모르기에 간호국은 암 환자 어르신을 받는 것에 걱정을 표했다. 열이 나면 즉시 병원에 가야 하고 영양 균형과 기력과 관련해 식단도 매우 중요하기에 가능하면 병원으로 모시면 좋겠다는 것이 간호국의 입장이었다. 하지만 보호자들도 그 사실을 모르지 않을 것이다. 그 많은 선택 가운데서 보아스를 선택했으니 우리가 모시는 것이 맞다고 나는 생각했다. 다른 어르신들과 다르지 않다고. 다만 우리가 할 수 있는 것이 마땅치 않을 때 보호자들이 적극적으로 협조를 약속한다면 우리가 돌보는 것이 가능하지 않겠느냐고 선생님들을 설득했다.

요양원은 의사가 없기에 의료적 치료를 하는 곳이 아니다. 다만 2주일에 한 번씩 방문하는 의사 선생님이 어르신들 상태를 봐줄 수 있다. 혹시 감기에 걸렸거나 소화 기관에 문제가 생기거나 열이 많이 날 때 계약 의사가 있는 병원으로 모신다. 그곳에선 약 처방을 받을 수 있고 수액이나 영양제가 필요한 경우, 가정간호를 통해 영양제를 주사하는 정도의 처방이 가능하다. 또한 위루관, 비위관 관리, 도뇨관, 장루 관리, 상처 치료, 욕창 치료 등의 간단한 의료 처치 또한 가능하다. 진통이 너무 심한 분은 진통제를 처방받기도 한다. 이것보다 본격적인 처방과 치료가 필요한 분들인 경우, 보호자들께 연락을 취한 뒤 큰 병원으로 모시길 요청하고 있다.

　　암 환자 어르신들을 모시기에는 요양원의 환경이 완벽하지 않다는 것을 보호자들도 알고 있다. 다만 호스피스 병원에 갈 정도는 아니고 요양병원에 가자니 병원이라는 환경과 간병인이 부담되고 결국 집에서 모셔야 하나 고민을 하게 된다. 그러다가 그럴 여력이 충분치 않아서 보아스를 선택하는 경우가 많다. 그런 보호자들에게 암 환자도 포용할 수 있는 요양원이 있다는 것을 알려 주고 싶었다. 완벽하지 않은 환경을 고백하면서도 최선을

　　죽음도 삶의 과정이다

다하겠다는 진심으로 어디론가 정착지를 찾지 못해 불안한 보호자들의 마음이 안정될 수 있기를 바랐기 때문이다.

담낭암인 남자 어르신은 식사하기가 어렵지만 인지도 좋으시고 거동도 가능했다. 집에 계신 부인이 치매가 있어 아내를 돌보다가 담낭암 수술을 한 뒤에 회복을 위해 이곳에 오셨다. 빨리 회복하여 집에 돌아가 아내를 돌보다 종국에는 두 분이 함께 보아스에 오는 것이 간절한 소망이어서 남자 어르신은 건강을 회복하기 위해 열심히 노력했다. 통증 때문에 식사하는 것이 어려울 텐데도 천천히 다 드시려 하고 영양 캔도 거르지 않았고 운동도 열심히 하셨다. 그러자 취미로 고전 영화를 볼 정도로 상태가 호전되는 것이 보였다. 어느 날, 이 정도면 퇴소해야겠다고, 이제는 집에 가서 아내를 돌봐야 한다고 말씀하셨다. 우리가 보기에 어르신 본인만 챙기는 것도 쉽지 않은데 부인을 돌보러 나가신다고 하니 걱정되어 차라리 부인을 모시고 오시라 했지만, 인지가 좋은 그분의 고집을 꺾을 수는 없었다.

어르신이 퇴소하고 한 달쯤 지났을 때, 문득 생각이 나서 어르신 잘 계시냐고 보호자에게 전화를 드렸다. 그러자 그렇지 않아도 연락을 하려고 했다면서 요양원 입소를 설득하는 도중에 건강이 급격히 나빠지는 바람에 보름 전에 돌아가셨다고 한다.

그때의 기분을 무엇이라 표현하면 좋을까. 그저 무너진다는 말 말고는 다른 표현을 찾기가 어려웠다. 그때 퇴소하지 않고 부인과 함께 이곳에서 지내셨다면 이 이별을 늦출 수 있었을까. 후회와 자책을 하지는 않았지만, 그저 그분이 사랑하는 부인과 조금 더 오래 행복하길 바랐던 소망이 이루어지지 않아 마음이 아팠다. 그래도 가족들이 곁을 지키는 아주 편안한 환경에서 가셨다고 그동안 감사했다는 말을 들으니 어쩌면 내가 소망했던 마음이 어르신에게 닿았을지도 모른다는 생각이 들었다. 부디 그랬길 바란다.

췌장암인 여자 어르신은, 가족들은 그 사실을 다 알고 있었지만 정작 본인은 모르고 있었다. 보호자들은 어머니가 편안하게 여기서 눈감으셨으면 좋겠다고 했다. 처음엔 식사도 문제없이 하시고 주위 분들하고 잘 어울리는 등 잘 적응하시는 것 같았다. 그러다 점점 통증이 심해지면서 식사가 어려워졌다. 통증에는 진통제를 처방하고 식욕 부진에는 식욕 촉진제를 드리면서 무엇이든 섭취할 수 있도록 노력했다.

어르신의 상태가 점점 나빠지면서 가족들이 어머니를 자주

117   죽음도 삶의 과정이다

봤으면 하는 생각에 '사랑동'에 마련된 접견실에서 딸과 어르신이 하루 이틀 정도 같이 지낼 수 있도록 했다. 따님이 어머니가 좋아하는 감도 먹여 드리고 대화도 도란도란 나누기를 여러 차례, 얼마의 시간이 흐른 뒤 이제는 버티기 힘드실 거 같다고 병원으로 옮기셔야 한다고 말씀을 드렸지만, 어르신 본인도 병원에 가기를 거부하셨고 가족들 역시 이곳에서 조용하고 편안히 임종을 맞으셨으면 한다고 의견을 모았다. 이후 어르신을 특별 요양실로 모신 뒤 가족들한테 연락드리고 여러 가지 대비를 했다.

그러던 중 보아스에 코로나 감염자가 발생했다. 해당 어르신이 가장 걱정된 우리는 잠시라도 병원으로 옮기시는 것이 어떻겠냐고 권유했다. 만일 격리된 곳에서 어머니께서 소천하시면, 자녀들은 임종도 못 보고 장례식도 진행하기 어려울 상황에 대해 의논드렸다. 그러자 가족들은 요양병원으로 어르신의 거처를 옮겨 모셨다. 코로나 격리가 해제되고 보호자께 어르신이 어떠신가 하고 연락을 드렸더니, 입원하시고 일주일 뒤 돌아가셨다고 했다. 비록 어르신이 그렇게도 싫어했던 병원이었지만 딱 맞는 시점에 잘 맞춰 입원하셨다는 사실에 안도의 한숨이 나왔다.

인간이기에 누군가의 죽음을 예측한다는 것은 불가능하다. 다만 당신이 외롭지 않고 당신을 사랑하는 사람들이 후회하지 않을 수 있는 최선의 때를 만들기 위해 애쓰는 사람들이 있다. 이곳의 우리처럼 말이다. 죽음을 예측할 순 없지만 준비를 할 수는 있다. 삶을 잘 마무리하는 것만큼 중요한 것도 없을 것이라는 생각이 들었다.

죽음도 삶의 과정이다

보아스의
햇빛

　신장 기능에 문제가 있어서 소변줄을 하고 오신 남자 어르신이 계셨다. 당뇨가 너무 심했고 세균 감염 위험에도 취약한 상태의 분이라 돌봄이 여간 힘든 것이 아니었다. 말씀도 어려우시고 종일 누워 계시면서 간신히 죽만 드셨다.

　입소 상담할 때, 어르신의 상태가 우리 시설을 누릴 수 없는 분이거나 보호자의 방문이 자주 필요한 분들은 비록 규모가 작더라도 보호자들과 물리적 거리가 가까운 요양원에 가시라고 권한다. 시설의 규모가 작아 동선이 짧은 곳은 여타 활동보다는 돌봄 그 자체에 신경을 쓸 것이며 또한 긴박한 상황에서 자녀들의 빠른 방문이 가능하기 때문이다. 그런데 보호자는 그동안 아버님이 햇빛도 잘 들지 않는 컴컴한 요양병원에만 계신 것이 마음에 걸린다며 시설 어디서든 햇빛도 잘 드는 보아스가 좋다고 했다.

보아스 건물은 이 지역에서 가장 높은 곳에 있다. 보아스 5층에 있는 옥상에서는 견달산이 한눈에 들어오고 북쪽으로는 보아스보다 높은 건물이 없어 아주 멀리까지 시야가 트여 있다. 덕분에 맑은 날에는 북한도 보일 것 같다며 우스갯소리를 하기도 한다.

보아스의 모든 생활실은 거실이 남북으로 트여 있고 큰 유리창이 있어서 외부 풍광이 시원하게 보인다. 모든 침실에 큰 창을 하나씩 만들어 산이나 하늘이 보이게끔 설계했다. 그래서 햇빛이 잘 든다. 햇빛뿐만이 아니라 비가 오고 눈이 오는 것도 보인다. 창은 가장 생생한 그림이다. 날씨에 따라 조금씩 다른 그림들이 담길 때 어르신들은 그것을 하염없이 쳐다보며 생각에 잠기기도 하고 계절을 체감하기도 한다. 창은 외부의 세계와 자신이 단절되어 있지 않음을 느끼게 만드는 중요한 통로다. 비록 종일 누워 있는 와상 어르신이라고 하더라도 침실 밖에서 펼쳐지는 풍경의 변화를 바라볼 수 있다는 것은 다행스러운 일이다.

견달산 밑에 자리한 보아스의 큰 자랑거리 중 하나는 바로 햇빛이다. 동쪽에서 서쪽으로 가는 해의 길이 보이고 동에서 서로 지나는 그 해의 길에서 받는 햇빛은 보아스의 축복처럼 느껴질

죽음도 삶의 과정이다

때가 있다. 그래서 우리는 어르신들을 모시고 나가는 프로그램을 '햇빛 산책'이라 부르고 옥상이나 건물 외부로 나가는 시간을 많이 만들었다. 휠체어와 워커를 사용하시는 분들은 옥상으로, 보행이 가능하고 워커를 쓰시는 분들은 건물 외부와 텃밭 산책을 한다.

문제는 위의 분처럼 와상 어르신의 경우이다. 이분들은 휠체어에 오래 앉아 계신 것도 힘든 경우가 많다. '그럼 어떡하지? 침대째로 이동하자.' 그게 우리가 내린 결론이었다. 보아스의 엘리베이터는 침대가 들어갈 수 있는 크기로 설계되어 있다. 볕이 좋은 날, 와상 어르신 두 분을 침대째로 옥상으로 모셨다. 누우신 채로 햇빛을 직접 받으며 웃고 계시던 그 모습을 잊을 수가 없다.

햇빛을 본 이후 남자 어르신은 눈에 띄게 좋아졌다. 어쩌면 삶에 날 좋은 때의 볕처럼 새로운 의지가 스며들었는지도 모르겠다. 식사도 이전보다 잘하셨고 몸의 기운이 좋아졌다. 휠체어에 앉을 수 있는 시간도 길어졌다. 부인과 자녀들이 죽을 가지고 와서 아버님이 맛있게 드시는 것을 기쁨으로 바라보았다. 그러던 어느 날, 열이 계속 나는데 우리로서는 할 수 있는 게 없어 병원으로 모실 것을 조심스럽게 권했고 병원에 가셨다. 그러다 얼마 후 돌아가셨다는 소식을 들었다.

보호자들은 햇빛 좋은 보아스에서 임종하시기를 원했는데 삭막한 병원에서 힘들게 돌아가셨다고 얘기했다. 순간 햇빛 아래 웃으시던 어르신의 미소가 떠올랐다. 어쩌면 그 미소는 '햇빛 산책'을 했던 날, 어르신의 마음에 피어난 삶의 의지에 대한 증표일지도 몰랐다. 요양원에서도 그런 생명력은 태어나고 살아 숨 쉰다. 아니 이곳에서 태어났기에 더욱 소중한 것일지도 모른다.

죽음도 삶의 과정이다

코로나바이러스와의
전쟁

2021년 11월 말부터 2022년 8월까지 다섯 번의 코로나 감염 상황을 겪었다. 그렇게 주의를 했건만 11월 말, 한 요보샘을 시작으로 함께 근무하는 다른 선생님 세 분이 코로나에 걸렸다. 다행이라 여겨야 할지, 해당 마을의 스무 명 남짓한 어르신들은 단 한 명도 감염되지 않았다. 그런데 2월부터 전파력이 강력한 오미크론 변이가 유행하며 2월 말에 선생님 한 분이 감염되었고 사랑동에 있는 마을 네 곳에 비상이 걸렸다. PCR 검사를 할 때마다 선생님들과 어르신들 사이에서 확진자가 새로이 나왔다. 그때쯤 나도 감염이 되었다.

코로나는 사랑동 4층을 시작으로 2층, 3층에까지 전파되었고 결국엔 소망동에서도 감염자가 나오고 말았다. 마침 사랑동 2층에 아직 오픈하지 않은 마을이 있어 그곳으로 확진된 어르신들을 이동시키고 별도의 격리 생활을 시작해야 했다. 그곳에서도 돌봄은 여전히 필요했기에 증상이 비교적 가벼웠던 확진 선생님이 격리 마을에서 확진 어르신들을 모시기로 하였다. 처음에는 네 분이 격리되었다가 점차 확진자가 늘어나더니 나중에는 격리 마을의 12개 침실이 다 차기 시작했다. 그렇게 격리 마을을 활용한 격리와 해제 절차가 2주 정도 반복되면서 사랑동은 조금씩 안정되는 듯 보였다.

그때 보건소에서 확진 어르신들을 별도의 격리 마을로 이동시키지 말고 원래 계시던 침실 자체를 격리하라는 지시를 해왔다. 이동하면서 바이러스를 퍼뜨릴 수 있다고 생각한 탓이다. 그런데 아직 코로나가 잡히지 않은 소망동이 문제였다. 어르신들을 침실에 격리한다고 격리가 완벽히 되겠는가. 침실에만 있기 답답하니 거실에 나와 있으실 테고 그러면 그 마을 전체 어르신들이 감염될 수밖에 없는 상황이었다. 그렇게 소망동 2층과 4층은 코로나와의 전쟁을 치러야 했다. 그리고 요보샘들의 노력과 어르신들의 인내로 시간은 흘러갔다. 결국 4월 초쯤이 되어 소망동 역시 안정되었다.

죽음도 삶의 과정이다

격리 마을을 처음 만들었던 때를 기억해 본다. 코푸시럽, 비타민, 타이레놀 등 각종 감기약과 영양제를 비치해 놓고 어르신들은 물론 선생님들까지 모두 경증으로 지나가기를 긴장하면서 지켜보고 기도했던 나날이었다.

93세 여자 어르신은 계속 주무셨다. 코로나 확진 전에도 잠이 많았던 분이었다. 처음 이곳에 오셨을 때는 운동도 하고 식사도 하셨는데 언젠가부터 잠이 안 온다고 수면제 복용량을 늘려 달라고 했다. 안 된다고 하면 화를 내고 보호자에게 전화해서 수면제를 받을 수 있게 닦달하기 일쑤였다.

어르신의 성화에 지친 보호자가 하는 수 없이 약 처방을 받아 왔다. 결국 당연한 결과로 약을 드신 이후부터는 많이 주무신다. 어르신은 코로나에 걸린 후, 아침에는 잠이 덜 깨 몽롱한 와중에 식사를 끝마치고 점심때가 되어서야 정신이 들었다. 그러다 거실에 나와 좀 앉아 계시다 다시 침실로 들어가곤 했다.

그날은 점심 식사 후 침실에서 옷을 이것저것 꺼내 입으시더니 집에 가야겠다고 고집을 부렸다. 지금은 코로나 시국이라 위험해서 못 나가시니 며칠 지나고 가시라고 타일러도 도무지 듣지 않았다. 그러면서 하는 말씀이 "아니다, 가야 한다. 하나님이 부른다."였다. 어르신이 감염되자마자 보호자들은 이미 격리 병동에 병상 배정을 신청해 놓은 상태였다. 다만 현재 남은 병상이 없어 대기하는 중이었다. 그런데 그날은 느낌이 이상했다. 어르신의 말씀이 마음에 걸렸다. 그래서 보호자에게 연락해 격리 병원으로 이동하는 것이 좋겠다고, 보건소에 강력히 호소하라 말씀드렸다. 그러고 나서 산소 호흡기를 준비한 뒤 구급차를 불렀다. 구급대원이 와서 이것저것 확인하더니 이 정도면 가시기에는 애매한 상태라며 곤란해했다. 어르신의 연세가 있고 산소 포화도도 90에서 왔다 갔다 하는데, 꼭 가야 한다는 나의 주장과 대원들의 주장이 엇갈려 거의 2시간 정도를 언쟁했다. 그러다 병상이 배정되었다는 보호자의 연락을 받아 구급차에 어르신을 싣고 보내 드릴 수 있었다.

며칠 후 보호자에게 연락을 했더니 바로 다음 날 돌아가셨다고 했다. 그날 어르신의 느낌을 믿어 주기를 잘했다는 생각이 들었다. 돌이켜 보니 자신이 원하시는 바를 최대한으로 표현하신 어르신에게도 감사했다. 그것을 고집으로 넘겨짚지 않고 현명한 판단을 하게 해주신 하나님께도 감사했다.

이곳에는 다양한 종교를 가진 어르신들이 많다. 물론 신을 믿지 않는 어르신도 있다. 다만 믿음 안에서 생의 마지막을 준비하는 분들에겐 그분들의 신이 언제나 함께하길 바랄 뿐이다. 나처

죽음도 삶의 과정이다

럼 어르신들을 돌봐야 하는 이들에게 조금씩 자신들의 지혜를 나
눠 주면서 말이다.

허전함
그리고 그리움

보아스에 계시다가 다른 곳으로 전원한 두 분이 연이어 돌아가셨다는 소식을 들었다. 한 분은 전립선암, 한 분은 폐암.

전립선암이었던 어르신은 거동이 좋았다. 가끔 어지럼증이 있었지만 스스로 조심할 만큼 주의력도 좋았다. 무엇이든 정확히 하고자 하는 성격이어서 남자 마을 질서도 잡으시고 요보샘들의 돌봄 체계가 잡히도록 많은 도움도 주셨다. 이른 아침을 박수로 시작하면 정신이 더 빠르게 또렷해지니 아침 체조는 337박수로 시작하자고 제안하기도 했던 분이었다. 가끔은 잔소리처럼 느껴지기도 했지만 사실 하시는 모든 말씀이 다 맞는 말씀이기도 했다. 무엇보다 그대로 따를 수밖에 없는 카리스마가 있는 분이었다.

죽음도 삶의 과정이다

이전부터 보훈처에서 운영하는 요양원을 예약해 놓아 그쪽으로 옮길 예정이라고 보호자가 말하곤 했었는데 11월 초, 정말 그곳으로 가시게 되었다. 정도 많이 들었고 섭섭한 마음도 있었지만, 이곳에서 부부가 따로따로 계시면서 1년여 동안 나눌 정도 다 나누었다며 이제 친구들 있는 곳으로 가야겠다고 했다. 끝까지 쿨한 어르신이었다.

그런데 11월 말, 이틀 전 갑자기 거동조차 불편해지셔서 보훈병원으로 전원하셨다는 소식을 들었다. 그러고 나서 한 달 후에 돌아가셨다. 갑작스레 암이 전이되었다고. 보아스에 계신 아내분께 남편분의 부고 소식을 전해 달라고 따님이 전화했다. 그 소식을 여자 어르신께 전하자, 어머님은 "원래 암이 있었는데, 고통받지 않고 잘 가신 겁니다." 하고 스스로 위로하셨다.

폐암이었던 여자 어르신의 경우, 어르신이 이곳을 워낙 좋아하셔서 이곳에서 임종을 맞이하기를 소망했지만 요양병원으로 전원하였다. 통증이 심해져서 보아스에서 모시는 데에는 한계가 있었기 때문이었다. 여자 어르신은 근 2년 반을 보아스에 계셨다. 달리 말하자면 보아스가 개원하고 한 달 후쯤 들어오신 것이다.

계셨던 마을은 보아스에서 가장 먼저 만들어진 마을이었다.

그 마을에 계신 어르신들은 함께한 시간이 길었던 만큼 참으로 서로의 관계가 끈끈하다. 해당 마을 요양보호 조장님도 입사 후 계속 그 마을을 관리하고 있었기에 어르신들 한 분, 한 분에 대한 정성이 대단하다. 어르신들 또한 선생님들에 대한 믿음이 두터우니 선생님들과 어르신들이 서로 애틋한 정이 있는 마을이라 할 수 있다. 이 어르신이 식사가 어려워지시면서 옆의 어르신이 수발을 들어 주었다. 죽 뜨고 반찬 올리고 한 수저 한 수저 정성스럽게 먹여 주셨다. 수발하시는 어르신도 거동이 편하신 분은 아니었다. 그런데도 본인 드시는 것보다 훨씬 정성을 다해서 먹이셨다. 그런 정 때문에 이곳에서 마지막을 보내고 싶어 하셨는데 안타깝다. 아마 마을 어르신들 또한 이 어르신의 빈자리가 크게 느껴질 것이다.

두 분 모두 고통받지 않고 하늘나라에 가심이 다행이라고 하면서 가족들은 그동안 잘 돌봐 주셔서 감사하다고 말했다. 보호자들은 참으로 면회를 많이 왔다. 한번 올 때마다 대가족들이 왔다. 어쩌면 그분들은 부모님이 이곳에 계신 동안 헤어지는 연습을 하고 있었는지도 모른다. 그런 생각이 들면 정작 우리는 그분들이 여기 계셨을 때 정말 잘 돌봐 드렸나, 좀 더 말씀 많이 나누고 웃겨 드릴걸… 하는 생각과 함께 왜인지 부끄러워진다.

죽음도 삶의 과정이다

미련은 언제나 남는다. 죽음의 과정에는 당사자 어르신들이 준비하고 감당할 몫이 있듯이 남겨진 사람들이 감당할 몫도 있다. 나뿐만이 아니라 그분들과 함께 생활했던 어르신들, 선생님들도 포함해서 말이다. 나와 선생님들은 반성이라는 몫을, 어르신들은 허전함이라는 몫을 나눠 가진다. 그리고 우리 모두에게 남겨지는 몫이 있다. 그리움이다. 그것은 아무리 나눠 가져도 도무지 사라지지 않는 모두의 몫이다.

부부의 이별 뒤에
남은 것

미국에서 온 부부가 계셨다. 미국에 계실 때 남자 어르신이 골절상을 입었는데 코로나 사태 때문에 입원도 어렵고 집에서 진통제로만 버티다 보니 치매까지 왔다고 했다. 평생 곱게 사셨던 여자 어르신이 남편분을 간호하는 일에 너무 지쳐서 더 이상 미국에서 지내는 생활에 의미를 잃었다고 했다. 가족들은 다 미국에 있고 한국에 연고도 없던 상황이어서 가족들이 할 수 있는 최선은 좋은 시설에서 두 분이 여생을 보내셨으면 하는 것이었다. 보호자들은 연명 치료를 원하지 않는다는 내용의 서류도 이미 준비해 왔다.

남자 어르신의 상태는 생각보다 심각했다. 거의 누워만 계셨

죽음도 삶의 과정이다

고 식사만 하면 사레가 들려 죽만 드렸는데 맘에 들지 않는지 계속 다른 먹을거리를 찾으셨다. 여자 어르신은 그런 아버님을 많이 안타까워했다. 젊은 날엔 세상을 호령하던 분이었는데 이런 상황이 되리라는 것은 상상하지 못한 일이었다. 어느 날 나에게 이런 상황이 찾아온다는 건 누구도 쉽게 상상할 수 있는 일은 아니다.

얼마 후, 남자 어르신은 열이 오르고 피 검사 결과 염증 수치가 높아서 병원으로 가셨다. 가족들은 가능하면 병원에 모시지 말라고 했지만 우리로서는 병원에 모셔 갈 수밖에 없고 치료를 권할 수밖에 없었다. 결국 입원 치료를 하면서 염증 수치가 낮아졌는데 병원에 다녀오신 뒤 눈에 띄게 살이 빠진 모습이었다. 한 달 정도 지나서 어르신은 또 열이 나기 시작했다. 폐렴이 의심되어 검사 후 다시 병원에 입원하게 되었다.

"여보, 꼭 읽어 봐."

병원으로 가는 남자 어르신에게 여자 어르신이 편지를 건넸다. 손 글씨로 쓰인 편지를 받은 아버님의 얼굴이 그리 편안하실 수가 없었다. 미국에 있는 자녀분들은 남자 어르신이 다시 입원하면서 서서히 임종 준비를 했다. 아마도 어르신 자신뿐 아니라 그 가족들도 임종을 예상한 듯 보였다. 며칠 후 남자 어르신은 피

검사 결과 항생제 내성균이 발견되어 격리 병원으로 가셨다. 그리고 멀지 않은 어느 날 밤 12시, 어르신 임종 소식이 들려왔다.

미국에 계신 보호자와 미리 얘기한 대로 병원에 가서 절차를 마치고 흰 수의 도포에 덮여서 오시는 아버님께 인사를 드리고 서울대병원으로 모셨다. 가족분들이 입국하기 전까지는 안치실에 모셨고 가족들이 온 뒤에 본격적인 장례 절차가 진행되었다.

남자 어르신의 임종 소식을 들은 여자 어르신은 "내 편지 읽었겠지." 하셨다. 처음에는 장례식장에 오시는 것을 거부해서 두 손을 잡고 설득해 모시고 갔다. 어르신은 영결식 예배에만 참석하고 발인 때는 참여하지 않았다. 더 이상은 우리도 강요하지 않았다. 차마 마주할 수 없는 슬픔도 있고 책임보다 앞서는 눈물도 있다.

이후 여자 어르신은 조금씩 변해 갔다. 식사도 안 하고 약도 안 드시고 우울증이 깊어져 갔다. 그렇게 온화하던 분이 욕도 하고 거칠어지기 시작했다. 낮에는 방에만 있다가 밤이 되면 온 거실을 왔다 갔다 하며 배회했다. 어느 때는 식사를 하는데, 말 그대로 게걸스럽게 드시니 옆에 계신 분이 겸상을 피할 정도였다. 본인을 뵈러 온 며느리에게 온갖 욕을 퍼붓기도 했다.

죽음도 삶의 과정이다

결국 신경정신과에 입원, 약 처방을 받고 돌아오셨다. 안타깝게도 나아지는 것은 많지 않았다. 어르신과 함께 생활하는 같은 마을 어르신들이 너무 힘들어해서 어쩔 수 없이 어머니를 치매 어르신들이 계신 곳으로 모셨다.

그곳 어르신들은 서로에 대한 관심이 없다. 그러니 거기서는 마음껏 돌아다녀도, 식사를 험하게 해도, 맥락 없는 소리를 해도, 이 방 저 방 배회를 해도 뭐라 하는 사람은 한 사람도 없다. 아무도 관심 가지지 않는 환경 덕인지 여자 어르신도 얼마 안 가 이전보다 편안해 보였다. 그리고 6개월쯤 지나니 여자 어르신은 예전의 온화한 모습으로 돌아오셨다. 가서 인사드리면 일어나서 얼마나 따뜻하게 맞아 주시는지 모른다. 하지만 여전히 본인의 소식을 궁금해하는 예전 친구들을 만나고 싶어 하지 않는다. 아버님 뵙고 왔다며 남자 어르신의 성묘 소식을 가족들이 전해 주면 온화했던 얼굴이 어딘가 차갑게 굳는다. 남편분이 돌아가신 뒤, 어르신은 무엇인가를 잊으려는 사람처럼 보였다. 과거 저편에 있는 화려하고 행복했던 시절을 떠올리시는 게 괴로웠던 걸까. 잊어버리려 할수록 자꾸만 더 생생히 기억나는 감각들이 허망했던 걸까. 그래서 잊기 위한 몸부림이 그렇게 강했던 것일지도 모르겠다.

요즘의 어르신은 편안한 표정을 하고 계신다. 같이 있는 분들, 나이 어린 알츠하이머 치매 어르신들을 한없이 측은해하면서 같이 손잡고 산책도 다니신다. 어르신의 가슴속에 어느 정도의 슬픔이 아직 남아 있는지 모른다. 또 그것을 어떻게 처리하고 있는지도 알 수 없다. 다만 근래엔 자신 옆의 다른 어르신들을 도와주며 현재를 살고 또 여생을 보내기로 마음먹은 것처럼 보인다. 곱다고만 생각한 온화한 미소 아래 가라앉아 있는 슬픔을 조심스레 가늠하게 된다. 밤새 온 거실을 돌아다니는 뒷모습은 그렇게 위태롭게만 보였는데 다른 어르신의 손을 잡고 산책을 나서는 뒷모습이 이제 든든하게 보이기까지 한다.

상실이란 언제나 힘든 일이다. 복잡한 일이기도 하고. 상실 이후의 삶을 어떻게 살라고 누군가 답을 내려 줄 수도 없다. 알츠하이머로 기억을 상실한 어르신들의 아픔을 이 어르신은 마음 깊이 공감하겠지. 그것만으로 충분한 것이 있다. 온화한 얼굴만으로 충분한 것이 있듯이 말이다.

죽음도 삶의 과정이다

보호자가
되는 일

보호자의
불안

어느 날 한 통의 전화가 왔다. 입소한 지 얼마 안 된 어르신 한 분이 계셨다. 이곳에서의 적응을 위해 한동안은 면회를 자제해 달라고 보호자들께 요청한 상태였다. 전화를 주신 보호자는 어르신의 며느리였다. 아버님의 얼굴을 직접 뵐 수 없으니, 소식이 궁금해 매일같이 네이버 밴드에 아버님의 사진이 올라오는지 확인한다고 했다. 별안간 이틀 연속으로 사진이 올라와 반가운 마음에 전화를 주신 줄 알았는데 그게 아니었다.

보호자는 이틀 동안의 모든 사진에서 아버님이 같은 옷만 입으신 게 마음에 걸린다고 했다. 아버님이 더러운 옷과 깨끗한 옷을 구분 못 하고 같은 옷만 입은 건 아닌지, 걱정의 말이 전화기

너머로 쏟아졌다. 매일 세탁물을 정리해 두면 어르신들은 자연스레 자주 입던 옷만을 입으려고 한다. 그래서 항상 같은 옷만 입는 것처럼 보이는 경우가 더러 있다. 이번에도 아마 그랬을 거라며 저희가 더욱 신경을 써서 다양하게 입으실 수 있도록 옷 순서를 바꿔 두겠다고 보호자께 말씀드렸다.

그러자 보호자는 머뭇거리며 예상치 못한 이야기를 했다. 사실은 어제 친구들을 만나 아버님을 요양원에 모셨다고 말했더니 친구 중 한 명이 요양원에서 입소자들을 학대한다는 뉴스도 많은데 걱정되지 않냐며 시아버지라서 보낼 수 있었던 것 아니냐고 했단다. 오래전에 친정아버지는 보아스보다 훨씬 조건이 좋지 못한 요양병원에 모셨는데, 그 얘기를 듣고 화도 나고 억울하기도 해서 복합적인 마음으로 전화를 걸었다고 털어놓았다.

보통 어르신이 입소하고 맞는 3주 동안은 모두에게 가장 어려운 시기이다. 어르신은 새로운 환경에 익숙해져야 하고 선생님들은 빠르게 어르신의 생활 습관을 파악하고 맞춰 드려야 한다. 그렇기에 보호자들의 인내와 이해가 절대적으로 필요한 기간이다. 부모님께서 식사는 제대로 하시는지, 잠자리가 불편하진 않으신지, 약은 제대로 챙겨 드시는지. 보호자들의 걱정과 염려가 깊어질 수밖에 없는 기간이기도 하다.

사진 몇 장만을 이유로 전화한 것이 아니었다. 아버님의 똑같은 차림새를 그냥 넘기지 못하고 확인해야 했던 그 마음 아래에 자리한 깊고 복잡한 불안을 생각했다. 어르신을 향한 걱정과 염려는 사실 보호자 자신을 향한 것이기도 하다. 보호자는 그런 양방향의 불안을 언제나 품고 산다.

　불현듯 보호자라는 단어에 대해 생각했다. 누군가를 보호한다는 것은 무엇일까. 보호하기 위해선 끊임없이 확인해야 하고, 걱정해야 하고, 책임져야 한다. 연쇄적으로 따라오는 여러 의무 중 만만한 것은 하나도 없다. 사진 몇 장에도 쉽게 마음이 불안해지고 타인의 말 몇 마디에도 쉽게 복잡해지지만 그렇다고 확인하고 걱정하고 책임지는 것을 그만둘 수도 없다. 보호자가 된다는 것은 참 어려운 일이다.

　　　　　　　　　　　　　　　　　　보호자가 되는 일

어르신들의
입맛

보아스의 경우, 보호자들의 25% 정도는 일주일에 한 번씩 면회를 온다. 그 외의 보호자들 역시 한 달에 한 번은 꼭 오는 편이다. 면회가 안 될 때는 먹을 것, 입을 것으로 대신하여 뵙고 싶은 간절한 마음을 전하러 오기도 한다.

외출도 안 되니 얼마나 밖의 음식이 드시고 싶으실까? 그런 어르신들의 마음을 고려해 보아스는 외부 음식 반입을 허용하는데 보호자들은 주로 젓갈, 고추장 같은 것을 많이 들고 온다. 어르신들의 입맛은 짜고 단 음식에 맞춰져 있는 경우가 많다. 보아스에서는 건강을 고려해 저염식을 제공하다 보니 어르신들은 간이 강한 음식을 그리워한다.

영양사가 다양한 건강 지표를 참고하여 그램gram 단위로 잰 설탕과 소금으로 간을 맞춘 음식을 드셔야 한다고 말씀드려도 보호자들은 열심히 음식을 가지고 온다. 간혹 그 음식이 냉장고에서만 머물게 될지라도 반드시 가지고 온다. 드실 수 있을 때 많이 드시게 하면 좋겠다고. 그 말도 맞기는 하다.

어르신들을 모시면서 정답이 뭔지 고민될 때가 많은데, 음식도 개중 한 가지이다. 간식도 빠질 수 없다. 아침 식사에는 홍삼즙이 나오고 점심 식사에는 과일이 나오고 간혹 치킨이나 피자, 보쌈, 텃밭에서 키운 고구마를 간식으로 제공하기도 한다. 그렇기에 보호자들이 가지고 오는 간식을 그리 많이 드실 일이 없는데도 보호자들은 과일이며 과자, 빵 등 다양한 종류로 많이도 가지고 온다. 이렇게 안 가지고 오셔도 된다고 말씀드려도 생활실 어르신들과 선생님들 다 같이 드시라며 웃으실 뿐이다.

수박 20통, 포도 20박스, 딸기 20박스, 바나나 20박스 그 외에도 어떤 과일이든 20박스씩 매달 보아스 앞으로 보내 주시는 어르신이 있다. 부인이 계셨던 다른 요양원에서 약 복용량을 계속 늘려 오라고 하는 바람에 2주 안에 복용량을 무려 두 배나 올리고 나니, 이건 아니다 싶어 보아스에 상담을 청하신 게 아버님

보호자가 되는 일

과의 첫 만남이다. 물리치료 선생님을 때리고 공동 공간에서 소리를 너무 지르니 정신과에 가서 약을 처방받아 오라고 했단다.

그 전에 생활하셨던 동영상을 보니 TV 볼륨도 과도하게 높고 여러모로 안정을 취하기 어려운 환경이었다. 보아스에서라면 더 좋은 환경에서 지내게 해드릴 수 있을 것 같아 모시겠다고 말씀드렸다. 오신 뒤 가장 먼저 한 일은 방 환경을 조용하게 조성해 드리는 것이었다. 그리고 어르신의 약 복용량도 과감하게 줄였다. 그러자 선생님들을 때리는 행위도 소리치는 행위도 모두 진정되었다. 덕분에 일상생활도 조금씩 가능하게 되셨다.

남편이신 아버님께서는 그에 대한 고마운 마음을 매달 대용량 과일로 전하시는 것이다. 마음만 받겠다고 사양해도 아버님의 큰 정성을 우리가 어쩔 도리는 없었다. 그렇게 베푸셔야만 아내가 나아졌다는 기쁨을 실감하시는 것 같았다. 과일이 도착할 때마다 과일의 향이 건물 이곳저곳에 퍼지듯 그분의 마음에서 넘친 평화와 충만함이 보아스 전체에 퍼진다.

대화와
관심

　내 동생은 부모님 면회를 올 때면 꼭 얘깃거리를 준비해 온다. 질문 한 가지와 추억 한 가지. 예를 들면 성년이 다 된 자식들에게 아직도 삶의 바른 방향을 강조하며 조언해야 하는지 아니면 시행착오를 거치더라도 나름의 방향을 가지고 알아서 살아가라고 격려해야 하는지 그런 질문을 가져와 두 분께 여쭤본다.

　"1번이에요? 2번이에요?"

　면회가 끝난 뒤 동생은 나에게도 물어본다.

　"누나, 부모님이 몇 번이라고 하셨을 것 같아?"

　"부모님의 성향을 생각하면 아버지는 2번, 엄마는 1번 하셨겠네."

"나도 그렇게 생각했는데 아니야. 아버지가 1번, 엄마가 2번이야. 신기하지? 다음에 한 번 더 여쭤보려고."

그렇게 말하는 동생의 얼굴은 부모님의 이야기에 감명받은 아이 같았다. 동생의 그런 아이다움 덕분에 부모님에 대해 새롭게 알게 되는 것이 많은 날도 있었다.

추억을 이야기하는 날이면 가족들의 목소리로 면회실이 금방 시끌시끌해진다.

"아버지, 엄마. 광양서 초등학교에서 두 분 처음 만났을 때 어땠어요?"

그렇게 아주 오래전 두 분의 처음이었던 기억을 시작으로 자연스레 다음의 추억을 순차적으로 꺼내 놓는다. 그렇게 한두 시간을 떠들면 아버지가 "시끄럽다, 조용히 해라." 하신다.

부모님이 건강하셨을 때 우리 가족의 식사 시간은 늘 활기찼다. 어머님이 아프고 병원 생활이 길어지면서 다 같이 모이는 기회가 줄어들고 부모님과 함께 식사하는 것이 어려워지면서 자연스레 대화도 그만큼 적어졌다. 부모님을 뵈어도 그냥 손만 잡고 요즘의 우리 보호자들과 거의 비슷하게 우리가 할 수 없는 것에 대한 걱정과 염려만 늘어놓고 무거운 마음으로 돌아가곤 했었다.

"누나, 나는 요즘 부모님과 이런 대화가 너무 좋아. 화해의 시간이 주어진 거거든."

얼마 전 동생이 말했다. 자세히 물어보진 않았지만, 동생이 화해하고 있는 것은 과연 무엇일까 하고 곰곰 생각해 봤다. 어린 마음에 부모님에게 실망과 상처를 줬던 자신의 과거와 화해 중일까. 동생의 정확한 마음은 알 수 없다. 그저 부모님과 얼굴을 맞대고 이런저런 얘기를 쉴 새 없이 떠드는 동생의 얼굴이 행복해 보인다는 것이 내가 알 수 있는 전부이다.

부모님이 요양원에 가시고, 면회를 통해서만 만나는 반가운 얼굴이 되고. 이 모든 것은 단순히 삶이 낡거나 해지는 과정이 아니다. 그 반가운 얼굴을 마주하며 보호자들은 지나온 여러 날과 화해한다. 그것은 이곳, 보아스에 계신 어르신들도 마찬가지이다. 그렇게 화해된 지난날은 추억이 된다.

우리가 보호자에게 부탁하는 것은 세 가지이다.

1. 적어도 한 달에 한 번은 면회하고 1년에 한두 번은 밤까지 가족들과 함께 있는 시간을 가질 것.

2. 별도로 요청한 병원 진료는 반드시 해주실 것.

3. 2년에 한 번씩 가지고 있는 옷을 점검하고 새 옷으로 교체해 주실 것.

이런 부탁은 실용적이고 생활적인 측면에서 어르신에게 지속적인 관심을 요구하는 일이기도 하지만 변화한 어르신의 삶에 대해 보호자들이 실감하고 생각하도록 만드는 지침이기도 하다.

삶에는 정답이 없다지만 분명히 나름의 단계는 존재한다. 많은 보호자가 이것을 삶의 어느 단계로 여겼으면 한다. 이제는 가끔 뵙는 반가운 얼굴이 된 부모님과 더 많이 화해하길 바란다. 그렇게 지난날을 추억으로 감싸 안게 될 때 그제야 우리는 헤어짐에 대해 생각할 수 있다. 잠깐의 면회로 만난 반가운 얼굴을 뒤로하고 돌아서는 아쉬운 헤어짐을 이곳에선 모두가 연습 중이다.

지침에 따라 부모님을 뵙고 매번 하나씩의 추억을 안고 돌아서는 시간은 나중을 위한 일이기도 하다. 정말로 헤어짐이 성큼 눈앞에 다가섰을 때 후회는 덜고 추억은 가득 남기기 위해서 말이다.

재입소,
2차 돌봄

정성을 다해 모셨던 한 분이 집으로 돌아가셨다. 보호자도 우리 요보샘들도 근 2년 동안 엄청난 정성을 들여 돌보았던 분이었다. 이분의 보호자는 어르신이 적응을 잘하실지 모르겠다며 처음부터 걱정이 매우 많았다. 보호자는 사업 때문에 외국에서 많은 시간을 보내야만 하는 상황이라 어머님을 모실 곳을 찾다가 보아스에 오게 되었다고 했다.

보호자는 밀짚모자와 옷가지를 건네며 어머니는 다른 사람이 자신의 방에 들어오는 걸 용납하지 않고 물건에 대한 집착도 심해 자신의 물건을 만지는 것 또한 매우 싫어한다고 조언해 주었다. 잘 부탁드린다고 말하는 목소리에는 걱정이 가득했다.

보호자가 되는 일

입소 후 어르신은 다른 분들과 전혀 상호 작용이 되지 않았다. 잠도 안 자고 목욕도 거부하고 자꾸 생활실을 나가려고만 했다. 아들 같은 남자 사회복지사가 그분을 데리고 하루에도 몇 번씩 건물 주위를 돌아다녔다. 어느 정도 시간이 지났을 때 요보샘들이 여기저기 동행하며 이곳에서 일하는 선생님들을 가족처럼 느끼실 수 있게 했다. 입소자들이 적응하는 과정에선 선생님들의 얼굴을 익숙하게 만드는 것이 관건이다.

이 어르신은 보호자의 요청으로 1인실 방을 사용하고 있었다. 하지만 어르신은 방에 계시지 않고 공용 공간으로 나와 소파 하나를 차지하고 본인의 물건과 베개를 놓고 거기서 주무셨다.

거실은 함께 사용하는 공간이다. 그러다 보니 TV 보는 소파에 이 어르신이 있으면 다른 어르신들이 불편해하는 건 당연하다. 결국 어르신이 사용할 소파를 따로 챙겨 드렸다. 그 소파가 어르신의 방이고 침대가 되었다. 그렇게 하루하루 지나면서 어르신은 보아스 생활에 점차 적응하게 되었다. 그리고 어르신의 보호자는 그제서야 편안한 마음으로 외국으로 일하러 나갈 수 있게 되었다.

코로나가 심해지던 어느 날, 어르신도 코로나에 감염이 되었다. 딱히 편찮은 곳은 없었는데 식사를 제대로 못 하더니 자꾸 기력이 떨어지셨다.

그러던 어느 날, 가만히만 계시면 기력이 더욱 떨어질 수밖에 없기 때문에 운동을 시켜 드리기 위해 침실에서 나오다가 사고가 났다. 요보샘이 잠시 손을 놓고 다른 어르신을 돌봐 드리는 사이에 넘어지셔서 고관절 쪽 골절상을 입은 것이다. 어머니의 코로나가 걱정되어 보호자가 귀국해 한국에 와 있는 상황이었다. 서로 정성을 가득 쏟은 어르신이었기에 당황스럽고 또 안타까웠다. 보호자 또한 우리에게 원망이 가득할 수밖에 없었다.

어르신께서는 결국 입원하여 수술 날짜를 잡았다. 하지만 그 과정이 절대 순탄치 않았는지 수액 들어가는 바늘을 자꾸 빼고 소리만 지르신다며 보호자는 우리에게 전화해 울먹였다. 다행히 수술은 잘되었지만 이후 섬망이 생기고 영양제나 수액 들어가는 바늘을 계속 거부하며 침대에서 벗어나려는 등 돌봄이 힘들어지는 상황이 되어 버렸다고 했다. 그럴수록 보호자의 원망은 더욱 커졌다. 하지만 그 전화에 우리가 할 수 있는 말은 없었다.

재활병원으로 옮기겠다고 해서 퇴소 절차를 생각하고 있었는데 보호자에게서 다시 전화가 왔다. 재활보다는 어머니가 익숙한 환경에 돌아가는 것이 좋겠다고. 어머님이 잘 드시지 않는데 예전처럼 드실 수 있게 도와주었으면 좋겠다고. 그리고 기력이 회복되면 물리치료실에서 재활을 해주면 좋겠다고 했다.

그런 보호자의 말이 반가우면서도 겁이 났다. '과연 우리가 잘 할 수 있을까? 이번에도 실수하지 않을 거란 보장은 없는데.' 하지만 재입소는 보호자에게도 분명 어려운 선택이었을 것이다. 수 없는 고민 후에 결정했을 텐데 그것을 거절할 수는 없었다. 우리는 그저 또 우리가 해온 일, 하는 일, 할 일을 받아들일 뿐이다.

그렇게 2차 돌봄이 시작되었다. 장장 한 시간이 넘는 시간에 걸쳐 식사를 드시게 하고 선생님들이 꾸준히 운동을 도와드린 결과, 어르신은 다시 걸었다. 아직은 더 지켜봐야 했지만 어쨌거나 손을 잡고 걸을 수 있음에 우리도 보호자도 감격하지 않을 수 없었다.

문제는 어르신의 신체가 회복 단계로 나아감에 따라 정신도 처음에 오실 때의 그 상태로 돌아간다는 것이었다. 자꾸 혼자서 나가려고 하고 종종 침대 난간에 다리를 걸쳐 넘으려고도 했다. 밤을 새워 아침에 잠시 주무시고 낮에는 한잠도 안 주무시고 그렇게 이틀을 지내면 하루 내내 주무시는 예전의 행동과 패턴이 다시 재현되기도 했다.

어르신이 또 넘어지질까 싶어 거의 붙어서 생활하다 보니 요보샘들의 휴게 시간은 사라졌고 24시간 돌봄이 지속되는 상황에 모두가 지쳐 가기 시작했다. 이런 상황이면 소위 약을 더 써서 어르신이 누워 있는 시간을 늘려야 하는데 원장은 도저히 그런 것을 허용하지 않으니, 지쳐 가는 선생님들께 미안했다. 그저 미안한 마음으로 안타깝게 바라만 보고 있었다. 그러던 중 보호자가 자신이 24시간 간병인을 들여서 어머니를 보살피겠다고 했다. 어머님이 조금 더 좋아지면 다시 모시고 오겠다고 했다. 그 마음이 참 감사했다.

어르신이 퇴소할 때의 마음 역시 복잡했다. 지금 바라는 것은 단 하나이다. 다시 어르신의 상태가 좋아져서 꼭 이곳으로 돌아오시길 소망한다.

　　　　　　　　　　　보호자가 되는 일

어르신들의
낙상 사고

낙상 사고는 언제나 어렵다. 언제 일어날지 모르고 일어났을 때도 심각한 부상으로 이어지는 경우가 많기 때문이다. 우리의 올해 목표도 전과 같이 낙상 사고율 제로이다.

하지만 늘 유의하고 대비한다고 해도 낙상 사고는 발생한다. 우리 아버지도 간병인이 바로 옆에 있었음에도 넘어져서 결국 대퇴부 골절상을 입었다. 이처럼 낙상 사고는 언제든 일어날 수 있는 사고다.

"혼자 화장실 가지 마세요. 꼭 벨 누르세요."

어르신들께 당부에 당부를 드려도 혼자 해보려다가 넘어지는 경우가 있다. 왜 그러셨냐고 여쭤보면 누구에게 폐 끼치기 싫어서 그랬다고 말씀하신다. 그 마음이 이해는 가지만 넘어지시는 모습을 보면 가슴이 철렁한다. 소파에서 일어나려다가 어지러워서 중심을 잃고, 운동하다가 발이 꼬여 넘어지고…. 경우의 수야 다양하다.

집에서 골절상을 입어 병원에서 수술받은 뒤 우울증이 심해진 탓에 보아스에 오신 어르신이 있다. 첫 번째 목표는 어떻게든 식사를 할 수 있게 하는 것, 두 번째는 운동을 통해 워커를 잡고 다닐 수 있게 하는 것이었다. 한 요보샘이 옆에서 참 살뜰하게도 그분을 돌보았다.

"건강해지셔야 집에도 가시죠."

요보샘은 회복에 대한 희망을 얘기하며 응원을 아끼지 않았다. 보호자가 어머님이 밝고 볕이 좋은 곳에 계시면 우울증이 좀 나아질 수 있을지 물어보시길래 마침 해가 아주 잘 드는 2인실 침대 하나가 비어 있어 그리로 어르신을 모셨다. 먼저 그곳에서 생활하고 계셨던 어르신은 입소 당시 소변줄과 콧줄을 모두 끼셨을 정도로 상태가 좋지 않았다. 하지만 이곳에서 생활하며 본인도 의지를 다시 다지시고 자녀들이 응원을 아끼지 않은 덕인지 이제는 소변줄도 콧줄도 모두 빼신 상태였다. 긍정적인 어르신이

보호자가 되는 일

룸메이트가 된다면 새로 입소하시는 어르신의 상태도 좋아지실 수 있지 않으실까, 그런 기대를 했다.

그렇게 여러 날이 지나고 드디어 어르신은 스탠딩 워커에 의지해 걸으셨다. 기쁜 마음에 사진을 찍어서 보호자들에게 보내 주니 보호자들도 기쁜 마음을 숨기지 못하셨다.

"계속 이렇게 하시면 집에 가시겠어요."

요보샘의 끊임없는 응원과 격려 덕이었는지 어머님은 정말 열심히 운동했다. 어르신의 얼굴에는 자신감이 차올랐고 어느새 우울은 서서히 걷히고 있었다.

어느 날이었다. 선생님의 도움으로 어르신이 화장실에 다녀온 뒤 침대에 걸터앉았다. 그리고 이렇게 조금 앉아 있겠다는 얘기에 요보샘은 잠시 자리를 비웠다. 그때 일이 일어났다. 어르신이 옆 침대 어르신에게 간식을 나눠 주시려고 일어났다가 그대로 주저앉고 말았다. 그동안 들였던 수많은 정성이 허무하게 무너지는 순간이었다. 보호자는 도대체 왜 자리를 비웠냐고 화를 냈다.

응급실로 모시고 가 골절을 확인하고 어르신은 결국 수술을 받게 되었다. 이후 재활병원으로 가실지 다시 오실지 편하게 정하시라고 말씀드렸다. 배상 책임 보험에 접수하고 보험사와 연결해 드리며 많은 생각에 잠겼다. 좋아질 거라고 희망을 얘기하던 선생님의 얼굴과 호전되고 있다며 우울에서 벗어나던 어르신의 얼굴, 많은 것들이 머릿속에서 뒤엉켰지만 이런 사고에 우리는 그저 죄인이었다. 그러니 무슨 얘기를 할 수 있을까.

몇 주 후 보호자에게서 연락이 왔다. '어머니가 다시 오고 싶어 하시는데, 받아 줄 수 있겠냐'는 조심스러운 전화였다. 선뜻 오시라고 해야 하는데 그 말이 참 쉽지 않았다. 나도 사람인지라 나와 선생님을 향했던 가차 없는 원망들이 아직 가슴에 남아 있었구나 싶었다. 돌봄에 빈틈이 있을 때 어떤 화살이 어떻게 날아올지 모른다는 생각에 어르신을 맡을 용기가 나지 않았다. 우리는 같은 돌봄을 반복할 것이고 낙상 위험은 최선을 다한다고 해도 언제나 존재한다.

이럴 때 딜레마에 빠진다. 우리는 늘 어르신들이 자력을 키우는 것을 가장 큰 목표로 여기고 정성을 다한다. 어떻게든 근력을 키우게 하고 보행기에 의지해서라도 화장실에 가실 수 있도록 운동을 도와드린다. 하지만 이런 일을 마주하면 어르신들의 근력 유지에 집중하고 휠체어 생활에 익숙해지시도록 도와드려야 하는 게 맞는 것인지 고민하게 된다. 그것이 사고 위험을 최소화하는 방법이지만 개인적으로는 내키지 않는 부분이 많다.

두 발을 땅에 딛고 걷고 움직이는 행위는 어르신들의 정신 건강과도 직결되는 문제이다. 조금 더 나아가면 '걷기'라는 일상을 체감하도록 만드는 중요한 지표이기도 하다. 그렇기에 보호자와 많은 얘기를 나눴다. 그래도 결론이 나지 않는 중에 문득 이런 생각이 들었다. 결국 어르신의 선택이다. 어르신이 앞으로 어떤 일상을 보내고 싶은가 하는 것이 가장 중요하다.

결국 어르신은 다시 오셨다. 우리는 처음과 같은 돌봄을 진행했다. 이번엔 기력을 회복하는 데까지 오랜 시간이 걸렸다. 예전보다 누워 계신 시간이 많았다. 하지만 표정은 그때보다 좋았다. 식사도 잘하시고 말수도 많아졌다. 처음에 오셨을 땐 말수도 적고 어딘가 체념한 기운이 가득해서 불안했는데 지금은 그렇지 않다. 라디오를 들으면서 견달산의 계절이 변하는 걸 응시하는 어르신의 옆모습이 퍽 편안해 보인다.

기력이 좋아지고 자신감도 많이 붙으셨는지 요즘은 또 혼자 움직이려고 많은 시도를 하신다. 덕분에 불안하고 곤혹스러울 때도 많지만 몸을 다시 움직이려고 한다는 것은 곧 활기를 느낀다는 뜻이었기에 오히려 다행이라는 생각이다.

이처럼 낙상 사고가 있을 때마다 어르신들의 일상과 삶에 어떤 것이 더 중요한 가치일까 고민하며 요양원의 운영 방향 자체에 관해 재고하게 된다. 물론 답은 쉽게 나오지 않는다. 요양원을 운영하게 되면 마주하는 필수적인 딜레마다. 다만 그 어르신의 회복을 곁에서 천천히 지켜보다 하나의 믿음이 생겼다. 어르신이 여전히 땅에 발을 딛고 한 걸음 한 걸음 나아가고 싶다면 그럴 수 있도록 기꺼이 도와주는 것이 우리의 할 일이라는 것이다.

어르신이 어떤 방식의 의지로 나아가고 싶어 한다면 그것을 존중해 주는 것이 중요하다. 혹시 모르는 위험으로 인해 겁이 나더라도 그 한 걸음을 보아스에서는 응원하고 싶다. 그러니 우리도 우리의 방향성을 믿고 문제점을 보완해 나가며 한 걸음씩 나아가는 것이 맞다. 그런 믿음이 있어야 한다. 그렇게 해야 보아스는 어르신들이 한 걸음을 내딛는 단단한 땅이 될 수 있다.

요양원 탓을 하는
보호자들

"들어올 때는 걸어 들어왔는데 이제는 걸음도 못 걷고 눈도 못 뜨고 말도 못 하세요. 이게 무슨 일인가요?"

보호자가 소리쳤다. 1년 전에 입소한 여자 어르신의 따님이다. 치매가 있고, 보행기에 의지해 천천히 걷고, 식욕이 별로 없다는 것이 이 어르신의 특징이라면 특징이었다.

어르신들은 의외로 편식을 많이 한다. 이분도 편식이 심한 편이라 자녀들이 면회 때마다 김밥 같은 먹을거리를 꼭 가지고 오곤 했다. 면회실에서 부르는 소리를 듣고 가보니 어르신이 목을 잘 가누지 못하고 휠체어에 앉아 있는 것도 힘들어했다. 간호사에 의하면 며칠 전부터 그런 상태였다고 한다.

어르신은 틀니가 안 맞아서 불편해하다가 입 안쪽을 씹었는데 입 안이 아프다 보니 쉽게 식사를 하지 못했다. 보호자가 치과에 모시고 가서 입 속을 꿰매고 왔는데 아직 치료 부위가 아물지 않아 식사는 여전히 어려운 상태였다. 식욕 촉진제나 영양제 주사를 드리는 게 좋을지 논의하던 와중에 보호자가 찾아왔다. 마침 오셨으니 뇌 쪽 MRI도 찍어 보고 검진도 받아 보라고 보호자께 요청했다. 결과는 요로 감염. 며칠 입원해서 주사를 맞으면 된다고 했다.

해당 보호자는 어머니가 처음에 걸어 다니실 정도로 정정하셨다며 같은 불만을 계속 토로했다. 이런 경우에는 간호국장이 보호자에게 연락해서 처음 입소할 때 어르신의 상태가 어땠는지 명확히 확인시켜 드린다. 간호국장은 어르신이 입소했을 당시 직접 수발을 맡았던 분이었기에 그 상황을 가장 선명히 기억하고 계신 분이기 때문이다. 말씀에 의하면 보호자가 알고 있던 것보다 상태가 그리 좋지 않은 상태로 입소했으며 수발하는 동안 좋고 나쁜 시기를 계속 반복했다고 한다.

자녀가 많을수록 오히려 어르신의 상태를 명확히 파악하지 못하는 경우가 많다. 어르신이 혼자 살았거나 특정 자녀가 어르신의 돌봄을 거의 도맡아 했을 경우 다른 자녀들은 대부분 어르신의 상태를 잘 알지 못한다. 입소 시 보호자들이 어르신의 현재 상태를 묘사할 때는 실제로 관찰되는 것과 다른 경우가 많다. 그래서 입소 후 일주일 관찰이 중요하고, 이것을 보호자와 적극적으로 나누고 소통하는 것이 매우 중요하다. 우리는 보통 주 보호자로 등록된 보호자와 소통한다. 다른 보호자와의 공유를 꼭 부탁드리지만, 모든 상황에서 그것이 잘 지켜지지는 않는다.

자녀들이 많을수록 아픈 부모님을 어떻게 돌볼지 결정하는 것이 오히려 쉽지 않다. 우리나라 사회 정서상 아들이 부모를 책임져야 한다는 인식이 아직 남아 있다. 자기 부모도 아니고 남의 부모를 돌봐야 하는 며느리의 입장, 아빠는 직장에 가고 엄마만 할머니 할아버지 수발에 매달리는 모습을 봐야 하는 손녀·손자들의 입장. 이런 각자의 입장들이 모여 결국 가정불화가 된다. 그렇다고 다른 자녀한테 맡긴다고 해결이 될까. 다른 자녀들도 가정이 있기에 상황은 매한가지다. 요양원이라는 소리만 들어도 한숨부터 쉬는 부모님과 언론에 끊임없이 보도되는 학대 사건들. 이것들이 모여 요양원은 불효의 증표가 되어 버렸다.

가족이 어떻게든 의견을 하나로 합쳐 요양원에 모시기로 하면 이후 발생하는 모든 문제의 화살은 요양원으로 향한다. 어르신이 적응하시고 행복하게 지내실 때는 보호자들 역시 매우 기뻐하며 요양원에 감사를 표하지만 조금이라도 어르신의 상태가 나빠지면 곧바로 태세를 전환하시기도 한다. 이 나이에 눈물이 날 정도로 모욕적인 언사를 듣는 날도 있다.

가만히 그 감정을 들여다보면 많은 것들이 느껴진다. 부모님을 요양원에 맡겼다는 죄책감, 이제는 일상으로 돌아갈 수 있다는 해방감, 나만큼 그들이 부모님을 애정으로 돌봐 주지 않을 것이라는 불안감, 그걸 알면서도 내가 할 수 있는 건 없다는 박탈감. 이 외에도 수많은 감정이 한데 뭉쳐져 못된 언사와 행동으로 튀어나오실 때가 있는 것 같다. 당연히 듣고 있는 나도 괴롭다. 그래도 대부분은 참으려 노력한다. 그렇게 해서 보호자들의 마음이 조금이나마 가벼워진다면 다행일지도 모른다고 나 자신을 다독일 뿐이다.

165

이별의
준비

어느 보호자가 입소 상담을 왔다. 그동안 집에서 모시다가 낙상 위험 때문에 전문 시설 돌봄의 필요를 느끼셨다고 했다. 집에서는 어찌 모셨느냐고 여쭤보았다. 어머니가 화장실 갈 때면 자식들을 부르고 자녀들이 부축해서 화장실에 간다고 했다. 어쩌다 부르는 소리를 놓치면 결국 혼자 가시다가 주저앉기도 하는데 그러다가 허리 골절을 당하신 적도 있다고 했다.

"그런 부분에 있어서 저희는 더 위험해요."

나는 단호하게 말했다.

"어머님은 집에서 1대1로 돌봄을 받고 계시는데 여기는 요양보호사 한 분이 여러 어르신을 돌보는 곳이어서 더 위험할 수 있어요. 요양원이 전문적이라고 하는 이유는 돌봄 서비스가 체계적이라는 것이지 낙상 위험 자체를 전문적으로 관리하는 곳은 아니에요. 돌봄이란 식사 케어, 대소변 케어, 여가 생활 케어, 운동 케어로 일상적 도움을 일반적으로 지칭해요. 오히려 이곳은 집보다 훨씬 넓어 더 많은 이동량을 요구하는데 요양보호사가 다른 어르신을 돌보는 상황에서 어르신을 보지 못하면 다치실 수 있어요. 낙상 위험만을 방지하고자 오신다면 추천드리지 않아요."

이렇게 명확하게 말하니 보호자는 깜짝 놀란 얼굴이었다. 보호자는 어머니가 부르면 언제라도 달려가고 어머니한테 밀착해서 돌봐 주는 시스템으로 알고 있었다고 했다. 병원에서도 4인실에 간병인 한 사람이 관리해 주지 않느냐고도 물었다. 그래서 또 설명했다. 병원은 병실에서만 생활하지만, 여기는 침실과 거실, 복도, 물리치료실, 옥상, 텃밭 등 생활하는 공간이라고 생각하면 쉽다고.

함께 온 보호자의 아들이 "아버지, 우리가 너무 우리 생각만 했나 봐요."라고 했다. 잠시 후, 보호자는 "다 이해했고 그런 돌봄이 필요하니 모시고 올게요."라고 했다. 막상 어르신을 모셔 오겠다고 하니 그건 그것대로 걱정이 됐다. 어르신의 상태를 아직 보지 않은 상태에서 너무 앞서 나가서는 안 되지만 혹시나 낙상 사

167

고가 일어나면 그 원망을 들어야 하는 각오를 단단히 해야 하기 때문이다. 그런 일은 없어야 하겠지만, 낙상 사고는 몇 번을 겪어도 결코 익숙해질 수 없을 것 같다.

고백하자면 사실 나도 그랬다. 부모님이 계신 병원의 의사, 물리치료사, 간호사, 간병인들 모두가 우리 이상으로 부모님께 최선을 다하기를 바랐다. 좀 더 솔직해지자면 다른 어르신들 말고 우리 부모님께만 집중하기를 바랐다.

손톱이 조금만 길면 타박하고 옷이 지저분하다고 타박하고 엉덩이에 뾰루지가 났다고 타박하고 재활실에 가서 운동을 도와드리는 게 못마땅해 타박하고 마치 이것저것 트집 잡을 것 없는지 뒤지고 다니는 사람처럼 굴었다. 돌이켜 보니 병원에서 말하는 진상 보호자가 바로 내가 아니었나 싶다.

부모님이 처음 입원한 재활병원은 우리에게 맞춤형 서비스를 제공했다. 부모님은 오전 오후 두 시간씩 재활치료를 했다. 간병인 선생님은 어머니를 걷게 하려고 주말에도 기립기를 세우고 자전거에 태웠다. 위루관을 한 어머니의 식사를 위해 처음엔 삼키기 쉽도록 죽을 끓이시더니 나중엔 밤이나 옥수수를 넣어 밥도 직접 하시는 등, 자녀인 우리보다 더 정성을 쏟고 무던히 노력하셨다. 식사가 까다로운 아버지도 병원 식사를 맛있게 잘 드셨다. 그 재활병원에서의 경험은 우리 남매들이 보아스 골든케어를 설립하게 된 동기 중 하나가 되었다.

간병인 이모가 쉬는 주말에는 내가 부모님을 간병하면서, 병원 시스템을 살피는 기회가 되었다. 병원은 개인 간병인들을 직원처럼 여기며 통제하고 있었다. 간호, 재활치료, 행정 등의 각 부서의 리더들이 모두 전문 지식과 현장 경험이 풍부하여 실천력이 뛰어난 사람들이었다. 이것은 기본적으로 병원 인력이 충분해서 가능한 일이었다. 덕분에 환자들도 많았다.

재활병원은 교통사고나 산재 환자들에게 재활치료를 제공하여 그들이 빨리 일상으로 돌아갈 수 있도록 회복시키는 곳이다. 재활병원은 6개월이 최장으로 급여 항목이 제한되고 이후부터는 비급여로 처리된다. 6개월 안에 재활치료를 끝내고 일상으로 돌아가야 하는 것이다. 어쩌면 우리 부모님처럼 고령의 환자가 있기에는 완전히 적합해 보이지는 않는 곳이다.

실제로 초반에는 병원에 젊은 교통사고 환자나 산재 환자들이 많은데 점차 고령 환자의 수가 늘어 가기 시작했다. 우리나라 병원 시스템상 재활치료 수가는 인정되지 않고 이 병원도 재

보호자가 되는 일

활을 붙인 요양병원으로 운영되다 보니 비급여로 처리할 내용이 많아질 수밖에 없었다. 그러니 병원비 부담이 어려운 환자들은 결국 병원을 떠날 수밖에 없었고 결국 경영난에 부딪힌 병원은 요양병원으로 전환하였다.

해당 과정에서 우리 부모님도 다른 재활 요양병원으로 옮기셨다. 같은 서비스를 기대했지만 처음의 병원과 모든 것이 비교되었다. 결정적으로 전기밥솥 등 전기 제품이 화재 위험이 있다는 이유로 빼앗긴 탓에 간병인 선생님은 어머니의 밥을 지을 수 없다며 여기서는 안 된다고 했다. 그렇게 세 번째 병원으로 옮겼다. 병원을 옮길수록 환경이 점점 낙후되어 가는 느낌에 지쳐 갔다. 우리가 병원을 선택하는 기준은 '재활'이 가능하고 간병인 선생님들이 편하게 부모님을 모실 수 있는 환경이었다. 하지만 이런 조건에 부합하는 병원은 생각보다 많지 않았다.

어쨌든 병원 생활을 하던 차에 당뇨가 있었던 어머님의 아래 치아가 몽땅 빠져 버렸다. 치아가 없으니 음식을 드실 때 입을 오물거려도 입 안의 음식물이 그냥 다 흘러나왔다. 임플란트할 것을 고민하고 치과를 몇 번 찾아다녔는데, 뇌경색으로 혈전 용해제를 복용하기 때문에 불가능하다며 일정을 잡아 주지 않았다. 그런 와중에 엄마는 대변 훈련을 시작했다. 우리 간병인 선생님은 지금 떠올려 봐도 정말 대단하신 분이었다. 입으로 식사하는 훈련은 더 이상 의미가 없다며 간병인 선생님은 하루에 한 번 화장실에 모시고 가서 앉히고 대변보는 훈련을 하셨다. 이때의 훈련으로 엄마는 지금도 8시에 화장실에 가서 하루 한 번 대변을 보신다. 아주 좋은 습관이 생긴 것이다.

단순히 현재 상태를 유지하는 데 집중하지 않고 변화하는 상황에 맞춰 앞으로의 일상이 나아지길 바라는 희망에 기인한 돌봄은 소중하다. 그리고 이런 방향의 간호가 가능하기 위해서는 뒷받침되는 인력과 시스템은 필수적이다. 간병인 선생님의 태도와 여러 재활·요양병원에서의 경험은 현재 보아스가 추구하는 돌봄의 중요한 지표가 되기도 했다.

아버지가 넘어지시고 병원에서는 나아질 거라 했지만 아버지가 계속해서 통증을 호소하시는 바람에 큰 병원에 가 사진을 찍어 보았다. 고관절 골절이었다.

수술을 하고 돌아와 회복기를 보내는 중 의사 선생님으로부터 전화가 왔다. 감기 증세가 심하니 큰 병원에 가보는 게 좋겠다며 폐렴이 의심 간다고 했다. 이런 경우 보호자에게 자체적으로 약 처방을 하고 큰 병원으로 가라고 연락하지는 않는다고 한다.

보호자가 되는 일

그런데 우리가 너무 극성스러운 보호자라 모시고 가시는 것이 나을 거란 생각이 들어 전화를 해준 거라고 했다.

그길로 구급차를 불러서 아버지를 대학병원으로 모셨다. 폐렴이었다. 우리가 '극성 보호자'가 아니었으면 아버지는 계셨던 재활 요양병원에서 폐렴으로 돌아가셨을지도 모른다. 어떻게 보면 '극성 보호자'라는 꼬리표 덕분에 아버지를 살릴 수 있었고 부모님이 그렇게 소망하시던 두 분이 함께 지내시는 생활도 하실 수 있게 된 것이다.

이렇게 보면 극성 보호자가 되는 순간도 가끔은 필요하다. 그 시절의 나의 모든 고집과 무례를 정당하다고 말하는 것은 아니다. 하지만 절박하게 굴어야만 돌이킬 수 없는 상황을 막을 수 있을 때가 있다. 보아스를 운영하며 보호자들의 지적과 원성에 마음이 지칠 때마다 좀 더 입체적으로 그들을 이해하려는 노력은 이 시절의 나의 경험에서 시작된다. 보호자가 된다는 마음을 잘 알기에, 당장은 모진 말을 들어도 그 내면의 아픔을 누구보다 공감하기에 계속해 나가는 힘을 가질 수 있다.

아버지는 보아스에 오셔서도 흡인성 폐렴으로 종종 대학병원에 입원하신다.

"너희, 그동안 참 수고했다. 나 인제 하늘나라 갈란다."

그렇게 말씀하는 아버지를 볼 때면 무엇이 아버지를 위한 좋은 결정인지 잘 모르겠다는 생각을 한다.

집에서 모시던 아버님이 돌아가셨다는 후배를 만났다. 폐렴으로 몇 번씩 입퇴원을 반복하시다가 어느 날 또 입원하셔야 하는데 "이제는 그만하고 싶다."라는 말을 하시고 집에서 돌아가셨다고 했다. 후배가 말했다.

"아버님도 아버님이 가셔야 할 때를 아신 것 같아요. 우리는 하는 데까지 최선을 다할 뿐이죠."

부모님을 지극정성으로 집에서 모셨던 그 후배의 공감과 투자 덕분에 보아스 건축이 시작되고 설립될 수 있었다. 생각해 보면 감사한 일이 참 많다.

쉽지 않은 것은 우리 남매들이 아직 부모님을 보내 드릴 마음의 준비가 안 되었다는 점이다. 우리 남매뿐만이 아니라 그 후배도 마찬가지고 보아스의 모든 보호자도 마찬가지일 것이다. 시간이 얼마 남지 않았다는 그 마음이 보호자들의 마음에 우선됨을 알기에 여전히 노력 중이다.

보호자가 되는 일

돌봄의 원칙과
보호자의 이해

　　방문 상담 예약을 하지 않고 며칠 전 전화한 사람이라며 자그마한 체구의 한 여자분이 찾아왔다. 어머니가 요양병원에 계시는데 시설 급여를 받은 지 6개월이 다 되어서 갱신해야 한다며 자신의 사정을 설명했다. 공단에서 시설에 안 계시면 등급 받은 내용을 철회해야 한다고 전해 왔다며 곤란해했다.

　　현재 보아스에는 2인실 하나밖에 남은 자리가 없다고 말씀드렸다. 상급 침실 비용이 주변 다른 요양원에 비해 비싼 편이라 비용을 얘기할 때면 어딘가 모르게 장사하는 마음이 들어서 민망해진다. 다인실이 있는 요양원들이 주변에 있을 텐데 조금 더 찾아보시라고 말씀드리니 평일엔 직장 다니느라 찾을 시간도 없고 급하다고 하셨다. 보아스는 어떻게 알게 되었냐고 물으니 직원의 지인 아버지가 이곳에 계시는데 참 만족하신다는 말에 마음이 끌렸다고 하셨다. 일단 2인실로 모셨다가 3~4인실 자리가 나면 옮겨 달라고 청하셨다.

"어머니를 요양원에 모실 생각을 하니 그래도 좋은 곳에 오시면 좋겠다 싶었는데 정말 좋네요."

그러면서 입소를 결정하였는데 마음이 짠하면서도 복잡했다. 급하게 입소를 결정하는 보호자를 보면 안타까우면서도 언제나 걱정스러운 마음이 가득하다.

입소 다음 날, 보호자와의 문제가 생겼다.

어르신 목욕을 시켜 드리다 사타구니와 겨드랑이에 발진이 난 모양새가 꼭 옴 같았다. 옴은 전염성이 있어서 요양원에서 한번 퍼지면 큰일이 된다. 부랴부랴 보호자에게 연락하라고 지시했다. 그리고 피부과 진찰을 부탁드리니 병원에 가는 것도 보호자 대동이 필요하냐며 간호부와 언쟁을 했다는 것이다.

하지만 사안이 사안인 만큼 우리도 양보할 수 없는 일이었다. 우리 측에서는 해당 발진이 전염성이 있는지 반드시 확인이 필요하기에 일요일에도 문을 여는 피부과를 알아보고 보호자를 병원

보호자가 되는 일

에서 만나기로 약속받은 다음 서둘러 간호 선생님과 함께 어르신을 병원으로 보냈다.

결론적으로 옴은 아니었고, 물사마귀였다. 전염성이 있긴 하지만 약을 바르면 빠르게 낫는다고 했다. 그리고 얼마 뒤 보호자께서 어머니를 모시고 오셨다. 얼굴엔 불만이 가득했다고 전해 들었다. 해당 내용을 보고받은 뒤 모니터 앞에서 글을 몇 자 적었다. 우리의 조치와 행동에 관해 몇 가지 확실히 하고 싶은 것이 있었기 때문이다. 처음부터 명확히 하지 않으면 나중에는 더 큰 갈등이 생긴다. 아래는 내가 보호자에게 보낸 문자의 전문이다.

간호국으로부터 오늘 있었던 일에 대한 보호자님의 불만 사항 전달받았습니다. 보호자님께서 요양원에 대한 이해가 필요한 부분이 있으신 것 같아 문자 드립니다. 요양원은 집이라고 생각하시면 됩니다. 집에서의 돌봄이 어려우신 어르신들에게 돌봄 서비스를 제공하는 곳이며 집에서와 마찬가지로 의료적 처치가 필요하면 병원으로 모셔야 합니다. 저희 촉탁 의사는 가정의학 전공이므로 그에 해당하는 영역은 저희 간호사가 동반하여 촉탁의의 도움을 받을 수 있지만 그렇지 않은 영역(피부과, 치과, 비뇨기과 등)은 보호자께서 어르신을 모시고 병원에 다녀오셔야 합니다. 가정의학 분야의 질환이라 해도 구급차를 타고 응급실로 가시는 경우도 간혹 있는데 이때 역시 보호자께서 동행하셔야 합니다.

원장으로서 저는 어르신들이 병원을 내원하실 때는 보호자가 반드시 동반하여 다녀오실 것을 당부드립니다. 고령 어르신의 상태는 갑작스럽게 변하기도 하기에 보호자께서 어르신의 현재 상태를 의사 선생님으로부터 여과 없이 고지받고 명확히 인지하셔야 하기 때문입니다. 그렇지 않으면 불필요한 오해가 생깁니다.

만일, 오늘 보호자님이 병원에 직접 가지 않고 저희를 통해 해당 소식을 들었다면 어머니의 물사마귀가 전염성이 있다는 얘기를 믿기 어려우셨을 것입니다. 어쩌면 보호자님께서 의사 선생님으로부터 전염성이 있다는 얘기를 직접 들은 지금도 여전히 해당 사안에 대해 심각하게 생각하지 않으실 수도 있습니다. 그러나 저희에게는 심각합니다. 요양원은 공동체입니다. 그것도 체력이 약한 분들과 다양한 기저 질환을 지닌 어르신들이 모여 있는 공동체입니다. 코로나처럼 전염성이 있는 병은 관할 보건소에서 특히 엄중히 통제 및 관리하고 있습니다. 이는 전염성이 있는 다른 질환에도 마찬가지라는 뜻입니다.

보호자가 되는 일

저희는 간호 선생님이 다른 요양원에 비해 많은 편이라 어르신들을 의료적 측면에서 더 세세하게 보고 있습니다. 그래서 보호자들과의 소통이 많은 편입니다. 그런 면에서 불편해하시는 보호자들도 분명 존재합니다. 하지만 그것이 이곳에서 어르신의 여생이 편안하도록 최선을 다해 돌보는 우리의 자세라고 생각합니다. 우리가 최선을 다해도 집에서 정성껏 돌보는 자녀들의 돌봄보다는 부족하다는 걸 알기에 늘 긴장하고 있습니다. 보호자와의 잦은 소통도 그 긴장과 노력의 일환입니다.

보호자님이 다른 요양원을 알아볼 틈도 없어서 이곳에 오신 것은 잘 알고 있습니다. 어쩌면 여기서 모든 것을 해결해 줄 거라는 믿음을 가지고 계신 걸지도 모르겠습니다. 그에 답을 하자면 '그렇지 않습니다.'입니다. 오히려 저희는 다른 요양원보다 더 많은 협조를 보호자님께 요청하는 곳입니다. 앞으로도 이와 같은 진료 외출 동반을 요청할 일이 많을 수도 있다는 말씀을 미리 말씀드립니다.

오늘의 진료 외출을 계기로 보호자님께서 저희를 선택하신 부분을 다시 한 번 검토해 보시고 그 기대가 다르다면 재고해 보심이 어떨까 조심스레 말씀드립니다. 만약 즉각적인 의료적 처치를 원하신다면 원래 계셨던 요양병원도 방안의 일종이라는 말씀도 덧붙이겠습니다.

　시간이 지나서 또 다른 갈등이 발생해 불편해지는 것보다 일을 맞닥뜨린 지금, 서로에 대한 명확한 이해가 필요하다고 느껴져 긴 글 보내 드립니다. 읽어 주셔서 감사드리고 보호자님의 생각과 판단을 제게 편히 알려 주시길 부탁드립니다. 감사합니다.

보아스 원장 드림

　보호자께 입소를 재고해 보라는 제안을 한다는 것은 여간 어려운 일이 아니다. 보호자가 이 문자를 읽으면 얼마나 불편할까 싶다. 그러나 우리의 돌봄 원칙에 보호자의 협조와 이해를 구해 놓지 않으면 정말 필요할 때 어르신을 두고 갈등할 상황이 생기기 때문에 눈앞의 민망함을 무릅쓸 가치가 있다. 여기에 부모님을 맡기는 보호자의 진심과 마음도 한 번쯤은 꼼꼼하게 챙겨 봐야 한다.

　보호자는 이 긴 편지를 읽고 아무 말씀도 하지 않으시고 어르신을 병원에 자주 모시고 다니셨다. 그래서 그렇게 피부병이 치료 되었으며, 지금까지 어머님은 잘 지내고 계신다.

그래도 한 번 더

보호자들 대부분이 어르신을 모시고 병원에 가시는 걸 좋아하지 않는다. 특히 연세 드신 어르신일수록 그렇다. 그 마음을 너무도 잘 안다. 병원에 가서 검사해도 같은 얘기, 비슷한 처방 말고는 별 뾰족한 수가 없다. 입원이 필요한 경우엔 간병인을 구해야 하고 1~2주 병원 생활에 소변줄을 달고 지내셔야 한다.

호흡기를 끼고 목에 구멍 뚫는 것만이 연명 치료가 아니다. 더 이상 사는 것에 의미가 없으신데 우리가 매달리는 것이 연명 치료가 아니고 뭘까.

보아스에 와서 1년이라도 부모님과 같이 지내게 해달라고 항상 기도했다. 그런데 아직도 살아 계신다. 2년 동안 아버지는 병원에 세 번 입원했다.

젊었을 적에 담배도 많이 태우시고 술도 많이 하신 탓에 노년인 지금, 폐 기능이 현저히 떨어져 있다. 폐렴으로 항생제 치료를 진행하다 연하장애가 오는 바람에 죽에 연하제를 타 드셨는데 결국 그것도 쉽지 않은 상황이 되어 위루관을 할 수밖에 없었다.

일정한 시간에 식사가 공급되니 건강이 좋아지긴 했어도 폐가 좋지 않으니 흰 가래는 여전하다. 병원에 가면 2~3주 입원해서 항생제를 맞아야 하는데 동맥 찾기가 너무 어렵다. 여기저기 계속 찔러 보느라 핏줄이 터지곤 한다.

"아버지 이번만 참으세요. 이제 또 폐렴에 걸려도 병원엔 오지 맙시다."

그렇게 하얀 거짓말을 하면서 병원을 세 번이나 찾았다.

세 번째에는 정말 병원에 가지 않으려고 했다. 남매가 같이 아버지의 마지막을 준비하려고도 했다. 그런데 간호국장님이 그랬다.

"그래도 가보셔요."

항생제를 맞고 나아서 오시면 어머니랑 지낼 수 있다. 그 이상 문제가 생기면 그때 판단해 보라는 말도 해주었다. 결국 그 말

보호자가 되는 일

에 못 이긴 척 병원에 가서 입원하고 중환자실에 가셨다가 일반실로 옮겼다. 그리고 한 달 후 다시 보아스로 오셨다.

선생님들 말씀이 요즘은 아버지가 부활하셨단다. 혈색도 좋아지고 걷는 운동도 시작하셨다. 아침과 저녁 한 번씩 가래 빼는 것도 이제는 수월하다. 그래도 밤에는 아버지 호흡이 어떤지 자주 들여다보게 된다.

인명은 재천이다. 우리가 할 수 있는 것은 어디까지일까. 기한이 정해져 있지 않으니 어렵다. 그때 간호국장님의 조언이 아버지를 살린 것일까. 그것은 아무도 모를 일이다. 다만 그때의 진심 어린 타인의 말 한마디가 나를 살렸다고 생각한다. 후회 속에 살지 않도록 말이다. 그래서 나도 보호자들께 "이번 한 번만 더 병원에 다녀오세요."라고 항상 말한다.

누군가의 작은 조언이, 몸과 마음이 모두 녹초가 되어 버린 보호자에겐 원동력이 되는 소중한 힘이 되기도 한다. 등을 떠밀지 않고 토닥이는 마음으로 보호자들에게 최선을 다하기를 권한다. 어차피 인명은 재천이다. '당신이 죄책감 가질 일은 없으니 우리 한 번 더 노력만이라도 해봅시다. 우리 모두 그렇게 해봅시다.'

182

미안합니다

로비가 시끌벅적했다. 지팡이를 짚은 어머님을 자녀분들이 부축하고 들어왔다. 어머님이 소리쳤다.

"너희가 내 남편 죽였지, 왜 죽였어. 왜 죽였어!"

허리가 아파도 너무 아프다고, 생전에 내가 무엇을 그리 잘못해서 이리 고통스러운지 회개하고 있다고, 어떻게 좀 해달라고 하시던 어르신이 계셨다. 우울감도 심해서 건강 상태는 약간의 회복과 악화를 계속해서 오갔다. 처음 오셨을 때는 식사도 잘하고 산책도 많이 하셨다. 친구분들과 담소도 나누며 잘 생활하셨는데 점점 허리가 너무 아프다고 하시더니 병원에서 받아 온 진

보호자가 되는 일

통제를 써도 듣지 않는 수준까지 갔다.

한의원에 가서 침을 맞으면 나을 것 같다고 해서 보호자께 연락드려 외출도 몇 번 시켜 드렸다. 그래도 아프다고, 병원에 가면 좋겠다고 말씀하셨다. 그러나 가족들에게 연락할 때마다 가족들은 번번이 병원에 가도 할 수 있는 게 없다며 잘 봐달라고만 했다. 도저히 그냥 보고 있을 수 없어서 보아스에 한의사를 모시고 왔다. 의사 선생님의 진단으로는 하루하루가 지옥에 있는 것 같은 고통일 거라고 했다.

보호자에게 문자를 보냈다. 한의사도 그랬고 너무 고통스러워하시니 이곳에 오시기 전 계셨던 병원에 가셔서 통증 치료라도 좀 받으시는 게 어떻겠냐고. 마침내 2~3일 후에는 전원하겠다는 보호자의 연락이 왔는데 바로 그날 응급 상황이 발생해 응급실로 가게 되었다.

그리고 며칠 후, 폐렴으로 패혈증까지 와서 돌아가셨다는 소식을 듣게 됐다. 어떻게 이렇게 갑자기 돌아가실 수가 있냐고, 우리가 잘못해서 본인 남편이 죽었다며 소리 질렀다. 옆에 있는 딸들도 거들었다. 어떻게 저렇게 갑자기 돌아가실 수 있냐고. 한참을 소리치며 원망을 하더니 그동안 1인실에 계셨던 비용을 못 내겠다고 했다. 그럼 그렇게 하시라고 했는데, '종교 팔지 말고 부모님 팔지 말라'는 말에 결국 나도 모르게 화가 나서 같이 맞섰다. 아무리 그래도 그런 말씀 마시라고. 우리도 최선을 다했다고. 그렇게 병원 가시라고 권했을 때 대체 보호자께서는 무엇을 하셨냐고.

　지금 돌이켜 생각해 보면, 그냥 '미안합니다. 우리가 죄인입니다.' 하고 고개를 숙였어야 했다. 부모님 돌아가시면 이유가 있든 없든 자식은 죄인이 된다. 보아스에 계셨던 어르신들에게 우리는 이곳에서의 자식이나 마찬가지인데 부모님 같은 그분들이 돌아가시면 우리 역시 죄인이 아닐까. 분한 마음을 이기지 못해 보호자들에게 평생 갈 상처를 남긴 것은 아닐까.
　그때를 생각하면 괴롭다. 나의 반응과 대응이 운영자로서 옳지 않았던 걸까… 그런 의심이 언제나 마음 한 곳에 있다. 무엇보다 돌아가신 어르신을 떠올리면 괴롭다. 모두의 사랑 속에 애도를 받으며 가셨어야 하는데 이런 분란으로 마지막 떠나시는 길이 혼란스러워진 것 같아 서글펐다. 허리가 너무 아프다며 자신에게 무슨 죄가 있냐고 고통스러워하시던 날들이 애처롭다. 이제는 꼭 그곳에서 편히 쉬셨으면 좋겠다. 이곳의 삶보다 더 평안한 곳에 도착하셨길 진심으로 바란다.

　　　　　　　　　　　　　　　　보호자가 되는 일

믿음,
사랑,
소망

보아스의
예배 공간

　부모님 두 분을 재활 요양병원에 모시고 어느 정도 생활이 안정되었을 때, 주일마다 병원 재활치료실에서 예배가 이루어진다는 것을 알게 되었다. 그래서 부모님 두 분을 휠체어에 태우고, 예배를 드리러 갔다. 은퇴하신 목사님이 봉사 차원에서 예배를 인도하였는데 기구가 즐비한 해당 공간의 산만함과 정돈되지 못한 분위기 탓에 부모님께서는 예배에 잘 집중하지 못하셨고 나중에는 예배에 가는 것 자체를 꺼렸다.

　그 경험 탓에 다른 재활 요양병원으로 옮기고 나서는 가족끼리 기도 시간을 갖기로 했다. 그러나 사람이 없는 어두운 복도 끝이나 재활실에서 기도하다 보면 불쑥 들어오는 사람들이나 호기

믿음, 사랑, 소망

심 어린 시선으로 힐긋거리는 사람들 때문에 그 또한 어려움이 있었다. 그런 악조건에서도 예배를 이어 나갈 때면 우리 가족은 구성원이 돌아가며 기도했다.

자연스레 아버지의 차례가 왔다. 주변이 시끄럽고 아버지의 말이 어눌하여 그 간절한 기도를 다 알아들을 수는 없었지만 '우리 아이들이 세상을 맑게 하는 사람이 되게 해달라'셨던 기도는 여전히 또렷하게 기억한다. 부모님을 돌봐야 하는 현실이 힘에 겨워 하루하루 지내기에 급급했던 우리는 그날 아버지의 기도를 들으면서 세상을 바라볼 수 있는 새로운 눈을 갖게 되었다.

아버지의 기도가 우리에게 얼마나 큰 응원이 되고 힘이 되었는지 모른다. 부모님과 함께인 시간의 의미, 삶의 의미, 그리고 이런 기도 덕분에 우리가 견딜 수 있었던 것 아닐까. 조심스레 생각해 본다. 그 경험으로 우리는 알게 되었다. 몸을 쓰기 어려워질수록 마음이 깊어지고 기도가 깊어진다는 것을.

그래서 좋은 예배 공간에서 경건하게 예배를 드릴 수 있는 환경을 보아스 어르신들에게 만들어 드리고 싶었다. 보행기와 휠체어와 워커를 끌고 오실지라도 마음 다해 예배드릴 수 있는 곳을 소망했다. 그렇게 생활 공간과 별도 건물에 예배 공간을 설계하게 되었다.

예배의 기쁨

　　믿음동 건물에는 예배를 드리는 이삭 채플과 모임 장소인 우물가, 그리고 목사님 사무실과 노인 요양 연구소가 있다.

　　'보아스 골든케어'에서 '보아스'라는 이름은 성경 룻기에 나오는 예수님의 조상이다. 보아스는 이방 땅에서 과부가 된 두 여인, 룻과 그의 시모 나오미를 긍휼히 여기며 가족으로 받아들이고 돌보아 준 인물로 그 마음으로 어르신을 돌보는 곳으로 만들고자 이름을 사용하게 되었다. 또한 룻과 보아스의 만남의 상징인 이삭을 채플 이름으로 썼다. 언니가 보아스의 첫 글자를 따서 '보듬고 아픔을 돌보며 스스로 설 수 있도록 돕는다'로 풀어내었듯이, 이삭 또한 '믿음의 조상 아브라함의 아들'이라는 의미가 담겨 있다.

믿음, 사랑, 소망

보아스는 견달산 자락의 비스듬히 내려오는 사면에 건축되어서 건물이 계단식 구조로 되어 있다. 견달산과 맞닿은 곳이 1층인데 소망동 로비층은 견달산에서 보면 지하이다. 또 믿음동은 소망동에서 보면 지하인데 믿음동 정원에서 보면 1층이 된다. 그로 인해 소망동 바닥과 믿음동 바닥의 높이 차는 약 8미터쯤 된다. 두 층의 높이 차이가 8미터면 예배당이 만들어지기 딱 좋은 조건이다. 일반적으로 교회 건물은 천장이 높게 설계되는데 이곳의 부지는 지형 자체가 그렇게 형성되어 있으니, 예배당으로 준비된 곳이라는 감동 속에 믿음동이 건축되었다.

이삭 채플은 어르신들이 활동하는 다목적 홀보다 크고 예쁘게 조성되어 있다. 작은 창문으로 햇빛이 들어오는 기도실도 있다. 사실은 마당에서 지하를 깊이 파고 들어가야 하는 작업으로 건축 비용이 만만치 않아 해당 공간에 대한 고민을 많이 했었다. 하지만 건축주인 형부께서 은혜로 가득 찰 공간은 분명 지을 필요와 의미가 있다며 적극적으로 공사를 진행했다. 돌이켜 보면 그때의 그 판단이 얼마나 감사한 일이었는지 새삼 깨닫게 된다. 더불어 믿음동에는 약 200평의 정원이 있는데 철마다 목사님이 정성으로 가꾸고 계신다. 예쁜 꽃이 피고 작은 바위들이 있어 거동이 가능한 어르신들은 날 좋은 날 그곳에 나와 쉬기도 하신다.

목사님은 보아스에 상근하고 계신다. 심방 다니듯이 각 마을을 다니면서 어르신들과 손을 잡고 기도하시고 말씀도 들어 주신다. 책을 워낙 많이 읽으시기에 다른 종교에 대한 지식도 탁월하셔서 종교와 상관없이 어르신들과 많은 얘기를 나누고 계신다.

보아스는 일주일에 두 번, 수요예배와 주일예배를 드리는데 보통 50~60명의 인원이 참여하고 있다. 전체 어르신이 230여 분이니 약 25% 정도가 예배에 참여하시는 것이다. 예배는 짧게 조정한 정통 예배의 형식을 따르고 있다. 생활실에서 예배당까지 또 예배당에서 생활실까지, 어르신들의 이동 시간을 합치면 예배를 위해 총 1시간 30분 정도가 소요되기 때문에 오래 앉아 있기 어려운 어르신들을 고려하여 예배 프로그램을 조정한 것이다. 그런데도 어르신들께서 예배 시간을 얼마나 기다리시는지, 시작 30분 전부터 로비로 내려와 기다리는 분들도 계신다.

예배드리러 가는 길은 또 다른 감동을 준다.

소망동 로비에서 밖으로 나와 5미터 정도 떨어진 곳에 있는 엘리베이터를 탄다. 엘리베이터는 총 15인승이다. 소망동이나 사랑동에 있는 엘리베이터는 침대가 들어갈 수 있는 크기로 설계되

믿음, 사랑, 소망

어 휠체어 4대를 한꺼번에 태울 수 있지만 믿음동 엘리베이터에는 휠체어 2대 이상이 타기에는 어렵게 설계되어 있다. 설계 시 그리 많은 휠체어 이동이 있으리라고는 예상하지 못한 탓이다.

현재는 거의 40대 휠체어 인원이 예배에 참여하니 한 번의 예배가 있을 때마다 엘리베이터를 총 20번씩 오르고 내려야 한다. 그 이동 풍경은 자세히 볼수록 경이롭다. 자원봉사자가 소망동 로비에서부터 휠체어 인원 두 분과 보행기 인원 한 분씩 모시고 나와 믿음동 엘리베이터 앞까지 오면 엘리베이터 안에서 기다리고 있던 내가 안쪽으로 휠체어 두 분을 태우고 추가로 보행기 어르신 한 분, 걷는 어르신 한 분을 엘리베이터에 태운다. 그리고 예배실이 있는 지하로 이동하여 내려 드린다. 이제는 사라진 엘리베이터 걸이 보아스엔 여전히 존재하는 것이다. 그렇게 스무 번 이상을 반복한다. 예배 후 각자의 침실로 돌아가실 수 있도록 그 과정을 스무 번 더 반복한다.

엘리베이터 안에서 만나는 어르신들의 표정은 밝다. 예배에 대한 기대감, 예배를 드렸다는 뿌듯함. 그 모든 것들이 표정만으로도 전해진다. 가끔은 엘리베이터 안에서도 찬송가를 부르시기도 한다. 주일까지 이어지는 일이 힘들지만, 같은 곳을 향해 몇 번이나 움직이는 그 순간이 행복하다.

웃음과
감사

예배 시작 10분 전에 벌써 이삭 채플로 오셔서 기도하고 계시는 뒷모습들이 보인다. 타종 소리와 함께 예배가 시작되면 그 분위기가 얼마나 진지한지 기침 소리 하나 없이 예배당이 잔잔하다. 사도신경으로 신앙을 고백하고 성시교독을 한 글자 한 글자 읽어 가시는 그 목소리에 힘이 있다.

함께 부르는 찬송가는 정말 감격스럽다. 참 신기한 것은 때로는 가족들도 구분 못 하시는 치매 어르신들이 찬송가는 기억하신다는 것이다. 숟가락질, 젓가락질, 자녀 이름 심지어 본인의 나이까지 다 잊어버렸는데 찬송가는 기억하고 힘차게 부르신다. 그 모습은 종교를 떠나 감동적이다.

믿음, 사랑, 소망

어르신들은 눈이 오나 비가 오나 바람이 부나 몹시 춥거나 더운 날에도 워커를 밀고 휠체어를 타고 이삭 채플에 오신다. 보아스를 개원한 첫해의 어느 겨울날, 겨울에만 다목적 홀에서 예배를 드리자고 어르신들께 제안했는데 싫다고 하셨다.

"옷을 껴입고 오가면 됩니다."

예배를 향한 어르신들의 절실함과 강건함으로 코로나 격리 때를 제외하고는 계절과 날씨에 상관없이 언제나 이삭 채플에서 예배를 드렸다. 기도 시간의 아멘 소리, "목사님이 말씀을 왜 이리 잘하노." 하고 감탄하시는 어르신의 큰 목소리, 속삭이듯 기도하시는 소리. 모든 것이 기쁘다. 모든 예배가 끝나고 폐회 찬송을 부르는 중에 이동하자고 하면 다 끝나고 가겠다고 화를 내신다.

"이 시간이 얼마나 좋은데, 다 부르고 갈래요."

그래도 가셔야 한다고 안내하면 뿌루퉁한 채로 엘리베이터에 오른다. 그리고 찬송 더 부르길 원했는데 하도 휠체어를 밀어서 하는 수 없이 나왔다고 불만이시다. 그래서 엘리베이터 안에서도 같이 찬송을 부르신다. 어르신들의 기뻐하는 모습을 보면서 얼마나 감사한지 모른다.

보아스에 와서도 우울감을 호소하며 죽을 거라고 하는 어르신들에게 나는 말씀드린다.

"하나님은 진심으로 많이 웃고 진심으로 평안하고 진심으로 삶에 감사하면 그제야 나에게 오라 하시면서 데리고 가시는 거 같아요. 그러니 밥 많이 드시고 즐겁게 사셔야 해요."

돌이켜 보면 회사 다닐 때 나의 웃음 역시 대부분 억지였고 나의 평안 역시 반쪽짜리였고 나의 삶엔 항상 불만이 많았다. 진심으로 무엇을 느낀다는 것이 어려웠는데 신기하게도 지금은 몸이 힘들어도 자연스레 웃음이 나온다. 우리 어르신들하고 있으면 그렇다. 어르신들 웃음을 보면 확실히 더 그렇다.

믿음, 사랑, 소망

보아스
사람들

어느 요보샘의
문자

　건물 내 소망동과 사랑동의 가로 폭 길이는 80m 정도다. 아침마다 어르신들 인사드린다고 건물을 한 바퀴 돌면 2천 보 정도는 가뿐히 걷는다. 방문 상담 일정이 두 분 이상이라도 잡혀 있는 날엔 보아스를 소개하고 건물을 안내하다 벌써 6천 보 이상을 걷게 되는 것이다. 그뿐이 아니다. 로비에서부터 사무실까지 움직이고 어르신들이 좋아하는 옥상과 텃밭까지 둘러보면 하루에 8천 보 걷는 것은 예삿일이다.

　우리 어르신들은 이동이 많다. 물리치료를 위해서는 1층까지 내려가야 하고 '햇빛 산책'을 위해서는 옥상이나 텃밭 혹은 견달산 앞 정원까지 움직여야 한다. 또한 면회를 위해서는 로비까지

← 간호조무사 나이트...　　Q

🏥 간호조무사 나이트 지원

원장님
날씨가
점점쌀쌀해지는데
건강은 어떠세요~
이틀 4A로
지원나갔던간호사
이 ⬤ 입니다
지원근무하면서
어르신들에 해맑고
편안해보이시는 모습에
정말 감동받았어요
나도 더나이가들어서
요양원 가게될땐
원장님이
운영하는곳으로
가야겠단 마음이 드네요
너무
친절한요보사쌤들에게
감사하단얘기
하고싶어서, 톡보내요
야간출근해서하루동안
지쳤던 다리 맛사지 ~~
근무시간내내웃어주고
어깨만져드리고 대소변
치우면서
미안해할까봐괜찮다는말
아낌없이 해주고
저녁먹고 화투치고계신
어르신께
간식챙겨드리고 그바쁜
아침식사후에
커피챙겨드리.고
너무 감사한 마음
한가득안고
지원근무했습니다~

오후

202

이동해야 한다.

우리 요보샘들은 하루에 평균 6천 보 정도를 걷는다고 한다. 마을도 넓어서 침실에서 침실로 뛰어다니고 욕실에서 거실로 뛰어다니고 본 건물에서 믿음동으로 뛰어다니고 하여튼 뛰어다니느라 종일 정신이 없다. 그래도 어르신들에게 얼굴 붉히는 일이 없다. 어느 날 나이트 선생님이 부족하여 지원 나오신 한 선생님으로부터 이런 문자를 받았다.

모두가 다 같은 마음일 수도 없겠고 모두가 매 순간 한결같을 수는 없을 것이다. 왜 안 그럴까. 이토록 힘든 일인데. 그래도 우리 선생님들은 정말 착한 천사 같다. 아니 천사다. 유치한 표현이지만 정말 그렇다. 이것 말고 뭐라 묘사해야 할지 모르겠다. 유치해도 그것이 진실이니 괜찮다.

눈물 그리고
안타까움

　　선생님 한 분이 허리를 다쳤다. 사연은 이렇다. 재활병원에서 1년 반 이상 재활치료를 받고 왔음에도 다리에 힘을 거의 못 주시는 새로 입소한 와상 어르신이 계셨다. 그래서 이동 시에는 언제나 보조가 필요한 분인데 침상에서 휠체어로 옮겨 드리다가 우리 선생님이 다치신 것이다. 휠체어에서 침상, 침상에서 휠체어로 이동하는 방법에 대한 교육을 충분히 받고 또 아무리 많은 경험이 있는 선생님이라 할지라도 순간적으로 방심하면 부상 사고는 언제든 일어날 수 있다. 원래 이동 시에는 선생님 두 분이 어르신을 함께 옮겨야 하는 게 원칙인데 바쁘다 보니 요보샘 혼자 하시려다가 사고가 난 것이다.

나는 어르신들께서 식사 때를 포함하여 하루에 적어도 세 번은 침상에서 나와 휠체어에 앉을 수 있도록 선생님들에게 당부한다. 선생님들도 최대한 그 요구에 응해 주시고 또 노력하신다. 그런데 문제는 하루 세 번이 전부가 아니라는 점이다. 프로그램, 물리치료, 면회, 목욕 등 선생님 한 분당 하루에 열 번 이상 어르신들의 침상-휠체어 이동을 돕는다. 휠체어 태운 김에 프로그램도 참여하고 화장실도 가고 목욕도 하고 산책도 하시면 좋겠지만 현실적으로 불가능하다는 것을 나를 포함한 선생님들 모두가 알고 있다.

위루관을 하신 우리 부모님은 하루에 세 번 침상에서 내려오신다. 물리치료를 받고 프로그램에 참여하고 예배드리시는 시간에는 침상에서 내려와 계신다. 그 정도만 해도 나와 우리 부모님은 만족하고 또 행복하다. 선생님들 다치지 말고 날마다 사정에 따라 휠체어 이동하라고 당부드려도 우리 선생님들은 어떻게든 어르신들을 침상에서 어딘가로 옮겨 드리려고 노력한다. 참 고맙지 않을 수 없다.

조장님 한 분이 울면서 집에 가는 것을 잡고 왜 그러냐고 했더니, 자신 때문에 선생님들 다 그만두게 생겼다며 눈물을 흘렸다.

원장으로서 또 동료로서 무슨 사정인지 물어봤더니, 어르신 정강이가 부어서 살펴봤는데 휠체어 태우다가 부딪힌 것이라서 누가 그랬냐고 모든 선생님마다 물어보고 다녔더니 선생님 한 분이 화를 냈다고 했다. 여기는 너무 힘들다고. 여러 요양원에서 근무해 봤지만 이렇게 건물도 넓고 동선도 어려운데 휠체어로 어르신들의 이동을 끊임없이 요구하는 곳이 없다며 불만을 터뜨렸다는 것이 내용이었다.

한편으로 이해가 되는 말이었다. 그 고충을 매일 직접 겪는 조장님과 내가 수긍 못 할 리 만무하다. "그래도 우리가 해야 하는 일이잖아요. 잘해야죠." 하면서 교육은 하지만 본인도 너무 힘들다며 조장님은 내게 마음을 털어놓았다.

"선생님들 너무 닦달하지 마세요. 우리 샘들 최선을 다해서 하는 거 다 아시잖아요."

나는 그렇게 말씀드릴 수밖에 없었다. 모두가 최선을 다하는 것을 알지만 그런데도 부족한 점이 보이고 그것을 혼자서 메꾸려니 이리 뛰고 저리 뛰고, 조장은 더 힘들 수밖에 없다.

어떤 보호자들은 어르신 외출 시 차를 앞에 대놓고 주머니에

보아스 사람들

손 넣은 채로 선생님들이 모든 준비를 다 해주길 기다리기도 한다. 보호자가 세 분이나 왔으면 도와주실 수도 있는 일인데 마치 당연한 듯 지켜만 보고 있으면 그것만큼 서러운 일이 없다고도 한다.

"보호자들이 할 줄 몰라서 그래요. 이제 보호자들도 차에서 휠체어 내리고 태우는 일 정도는 하실 수 있어야 한다고 말씀드릴게요."

그렇게 토닥여 드렸다. 단순히 힘이 들어 하신 말이 아닌 걸 알고 있기 때문이다. 매 순간 온 맘을 다해 돌봄에 애쓰는데 그것을 당연하게 여기는 듯한 태도 앞에서 많은 생각이 드셨겠지. 그렇게 생각하니 내 마음이 다 무거웠다.

그러던 어느 날 한 어르신이 외출하시는 광경을 우연히 목격했다. 또 선생님 혼자 어르신을 고생하며 휠체어에서 차로 옮겨드리고 있기에 조심스레 다가가 힘든 것은 없는지 물었다.

"보호자가 익숙지 않으니 딱하고 안타까워서요."

선생님은 그렇게 말하며 수줍게 웃었다. 그 미소가 얼마나 아름다워 보였는지. 그들의 노력과 선함이 당연한 것이 아님을 알아주어야 한다. 그 누구도 그것을 알아주지 않는다면 나라도 알아주어야 한다. 그래야 지속될 수 있는 것들이 있다. 많은 분들이 선생님들의 노고를 알아주었으면 좋겠다. 어르신들의 삶이 지속되도록 도와주는 선생님들이 없다면 보아스 공동체는 유지되지 않는다.

보아스 사람들

나의
부모님처럼

보아스 선생님들은 매일 아침 어르신들의 뒷물을 해드리고 저녁에는 손발을 닦아 드리고 있다. 때로는 족욕을 해드리고 손발톱도 깨끗하게 정리해 드린다. 점점 차가워지는 발이 따뜻하게 풀어지고 살을 파고드는 두꺼운 발톱이 잘려 나가는 것만으로도 어르신들은 큰 만족을 얻으신다.

어르신들의 몸이 정갈하도록 요모조모 신경 써주는 요보샘들 중에는 부모님이 살아 계셨을 때 이런 것을 한 번도 못 해드렸던 게 마음에 남는다며 온 마음을 다해 어르신들의 몸 정리에 신경 쓰는 분이 계신다. 본인의 무릎과 손에 어르신의 몸을 올려 두고 정성스레 쓰다듬는 그 뒷모습을 보면 어떤 염원과 애정이 담겼는지 다 보이는 것 같아 먹먹해지기도 한다.

보아스 사람들

보아스의 보배,
요보샘들

우리 보아스에는 보배가 많다. 많은 작물이 잘 자랄 수 있도록 도와주는 토양도 보배고 그 땅을 땀으로 가꿔 주시는 어르신도 보배고 그런 어르신들을 정성으로 돌봐 드리는 요양보호사 선생님, 간호 선생님, 물리치료 선생님, 복지사 선생님 등이 모두 보배다.

보아스에는 26세의 남자 청년 요양보호사 선생님이 근무했었다. 사회복지학을 전공 중인 대학원생이었다. 일주일에 한 번씩 대학원 강의를 들으러 가는 날이면 부모님 나이대인 다른 요양보호사 선생님들이 대신 근무를 도와주기도 했다.

이 젊은 선생님은 원래 지방에서 홀로 일하다가 일산에 계시는 어머니와 함께 살아야겠다고 다짐한 뒤 서울로 올라온 것이라 했다. 그렇게 생계를 위해 이런저런 일을 하다 요양보호사 자격증을 땄고 결국 우리 보아스에 자리를 잡은 것이다.

면접 시 본인은 어리고 경력이 없기에 채용이 어려울 거라 예상해 아주 불안했다고 했다. 우리 측 역시 연속성이 중요한 돌봄 업무인데, 젊은 친구가 며칠 다니다 힘이 든다며 금방 퇴사할까 봐 많은 걱정을 했다. 하지만 많은 고민 끝에 우리는 그 청년을 채용했고 그가 보아스와 함께한 세월이 1년여에 이른다. 종일 땀을 뻘뻘 흘리면서 얼마나 뛰어다니는지 같이 근무하는 요양보호 선생님들도 그 끈기에 감탄하곤 했다.

한 달에 20일~21일을 근무하면서 공부도 병행할 수 있고 세후 월급이 약 200만 원 이상에, 다양한 지원금 제도를 고려하면 가치와 보람도 확실한 일인데 왜 젊은 사람들이 관심을 가지지 않는지 모르겠다며 열변을 토하는 그 선생님을 보면 나까지 에너지를 받고는 했다.

어르신들의 미소가 이십 대 청년인 자신에게도 보람되고 의미 있다는 그 말이 이상하게도 보아스를 운영하는 내게 큰 힘이 됐다. 치열한 젊은 날의 삶과 마찬가지로 노년의 삶 역시 중요하고

보아스 사람들

소중하다는 것을 알아주는 것 같아 고마웠다. 시기는 다르지만 모두가 삶의 어떤 구간을 통과하고 있고 우리는 그 모든 구간의 가치에 대해 함께 고민할 수 있어야 하지 않을까. 그런 의미에서 이 젊은 요양보호사 선생님의 열정은 나에게도 우리에게도 모두 큰 의미가 있었다.

연탄
한 장처럼

삶이란 나 아닌 그 누구에게 기꺼이 연탄 한 장 되는 것….

우연히 드라마 「이상한 변호사 우영우」를 보다가 안도현 시인의 시, 「연탄 한 장」을 듣고 우리 보아스 선생님들이 떠올랐다. 입소한 어르신이 230여 분, 근무하는 종사자가 거의 160명인데도 돌봄은 늘 숨 가쁘다. 휠체어 옮겨 드리고 변기에 앉혀 드리고 뒷물해 드리고 기저귀 갈고 식사 수발하고 양치해 드리고 목욕시키고 물리치료실로 이동하고 산책해 드리고 발 닦아 드리고…. 온종일 이리 뛰고 저리 뛰며 한 분 한 분 맞춰 드리느라 선생님들의 몸은 땀으로 젖어 있을 때가 많다.

코로나가 재확산되면서 확진된 선생님들의 자리를 메꾸느라 근무표가 매일 달라지고 연장 근무를 요청해도 그러려니, 확진 어르신을 돌보느라 방호복을 입고 격리 구역에 들어가야 하는 것도 그러려니. 어떤 변수와 고된 상황도 담담하게 받아들이고 일하시는 선생님들을 보면 그저 미안해진다.

뉴스에 나오는 주인공들은 무엇을 위해 매일 저리 헐뜯고 싸우는지 모르겠는데 일산 시골 동네 한구석에는 소리 없이 자신 아닌 누군가를 위해 기꺼이 '연탄 한 장'의 삶을 사는 우리 선생님들이 있다. 가끔 업무에 지쳐 이런 농담을 던질 때가 있다.

"우리가 이렇게 고생해도 누가 알아줄까요?"

그러면 보아스의 선생님들은 이렇게 답을 한다.

"우리 어르신들이 알아주시잖아요. 웃고 행복해하시고."

이처럼 보아스라는 공동체가 만들어지고 단단해질 수 있었던 중심에는 언제나 선생님들이 계셨다.

'행복한 노년, 행복한 요양원, 행복한 공동체.'

위 가치들을 이루기 위해 보아스는 몇 번이고 현실적인 문제들과 부딪쳐 왔다. 그것들을 뚫고 다시 나아갈 힘을 준 사람이 바로 우리 선생님들이다. 어르신들이 힘들 때는 어르신들의 손을 잡아 드리고 서로가 힘들 때는 서로의 손을 잡으며 그렇게 선생님들이 버틴 시간이 쌓이고 쌓여 보아스가 이만큼이나 단단해진 것이다. 지금의 보아스를 위해 그리고 앞으로의 보아스를 위해 언제나 애쓰는 우리의 선생님들 한 분 한 분께 무한한 감사와 존경을 보내고 싶다. 보아스의 운영자로서 동료로서 또 일원으로서 말이다.

보아스 사람들

보아스의
일상

봄이 오니 어르신들과 함께 할 것이 많아져 신이 난다. 햇빛 산책도 하고, 텃밭도 만들고, 생활실 베란다에 둘 봄꽃 화분도 만들고. 치유 온실에는 제라늄, 목제라늄, 데이지 등 다양한 종류의 꽃이 활짝 피었다.

견달산이라는 자연이 만든 정원에는 개나리와 진달래가 피었고 건물을 빙 둘러서 벚꽃 또한 만개했다. 나무를 심은 지 아직 몇 년 되지 않아 풍성하지는 않지만 이렇게라도 벚꽃을 보면서 산책하시는 어르신들 얼굴에 생기가 돌고 보아스에는 활기가 가득하다.

보아스 설립 1년 차에는 옥상에 상자로 만든 조그마한 간이 텃밭을 만들었고 2년 차에는 보아스 앞터에 진짜 텃밭을 가꾸었다.

자신보다 더 아픈 아내를 돌보기 위해 입소하신 남자 어르신은 터를 정리하고 설계하는 처음부터 이 텃밭에 애정을 잔뜩 쏟으셨다. 모종삽으로 씨를 심고 이른 새벽마다 나와서 물을 주며 토양에 관심이 필요할 때마다 애써 주신다.

덕분에 수박, 참외, 토마토, 고추, 파, 가지, 호박, 고구마, 감자 등 다양한 종류의 간식거리를 우리는 우리의 손으로 직접 재배할 수 있게 되었다. 간식거리가 생긴다는 것도 기쁘고 즐거운 일이지만 무엇보다 직접 흙과 열매를 만지고 따고 다듬는 어르신들의 모습에 생명력이 가득하다.

설립 2년 차, 어버이날에는 푸르름이 가득한 견달산을 바라보며 옥상정원과 유리정원에서 어르신들과 삼겹살 파티를 했다. 코로나 때문에 외출과 외박이 불가해 외부 세상을 구경할 수 없는 상황이 얼마나 답답하실까 싶어 준비한 이벤트였다.

오랜만에 외식하는 기분이었는지 어르신들은 모자도 쓰고 새 옷도 차려입고 그렇게 나름의 멋을 내고 나오셔서 삼겹살을 맛있게 드셨다.

더운 여름날, 그 많은 삼겹살을 굽는 것이 쉬운 일은 아니었다.

보아스 사람들

하지만 견달산과 하늘을 벗 삼아 자유롭고 행복하게 웃는 어르신들의 얼굴은 모든 것을 잊게 해줄 정도였다. 지금은 소중한 추억이 됐다.

보아스에 입소하신 어느 부부 어르신으로부터 맛있는 식사에 대한 감사 편지를 받았다. 에어컨을 세게 틀어 놔도 언제나 열기로 가득한 주방에서 일하는 조리원들이 보람 있다며 무척이나 좋아했다.

메모지에 쓴 글씨도 내용도 모두 투박하지만 참 아름다운 편지다.

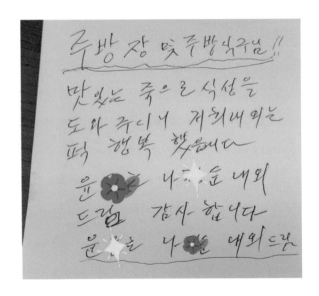

어르신들도 종사자들도 보아스에서 만난 것은 인연이다.

그 많은 요양원 중에서 보아스를 택하셔서 여생을 보내시는 것도, 같은 마을 같은 생활실에서 지내는 것도, 테이블에 모여 앉아 함께 식사하시는 것도, 많은 보호사 중에서 보아스의 선생님들을 만나신 것도, 그 모든 얼굴들이 마주 보며 웃을 수 있는 것도.

웃는 얼굴로 서로 의지하면

좋은 인연, 아름다운 세상

—이철수 화백, 「좋은 인연」에서

이런 우리가 인연이 아니면 무엇일까.

보아스 사람들

보아스에서의
어버이날

올해도 어김없이 어버이날이 다가왔다. 보아스에서는 어르신들을 위해 뷔페를 준비했다.

7개 층의 복도마다 뷔페식으로 상을 차려 놓았더니 각 마을에 계시던 어르신들이 휠체어를 타고, 보행기를 밀고 나와 음식을 고르셨다. 드시고 싶은 음식을 종류별로 골고루 가득 담고 후식으로 수박과 식혜까지 다 드시면서 얼마나 즐거워하시는지….

웃음이 가득한 얼굴에 우리도 덩달아 힘이 솟아 음식을 담고 나르며 기쁘게 이곳저곳을 뛰어다녔다.

며칠 전부터 면회와 외출, 외박이 늘어나서 급기야 일요일인

어제는 하루에 25팀의 면회와 22팀의 외출, 외박이 있었다. 어느 보호자 한 분이 이렇게 말했다.

"어머님이 정말 좋으시네요."

2020년 10월에 입소하신 어르신의 이야기다. 보호자는 "어머님을 이곳에 모실 때, 사실 저희는 1년을 버티실 수 있을까 했는데 지금도 저리 건강하신 것이 신기하고 고맙다."고 했다.

"요즘은 애들도 자주 오고, 오늘은 뷔페도 먹고 하니 언제 죽어도 여한이 없다."는 어르신의 말씀, "부모님이 행복해 보여서 좋다."는 보호자들의 말. 언젠가는 반드시 다가올 이별 전에 모두가 후회와 아쉬움을 최대한 덜어 내고 있는 것 같아 감사하다. 그

227

속마음을 우리에게 보여 주셔서 또 감사하다.

항상 같은 일상처럼 보이지만 그 안을 자세히 들여다보면 각자의 의미를 지닌 우리의 소중한 하루하루들이 모여 있다는 것을 깨닫게 된다.

동행의 길

"아버지 구순인데 축하는 해야 하지 않을까?"

그런 물음에 고개를 저었다. 부모님 모두 입으로 드시지도 못하는데 케이크를 자르고 음식을 나눠 먹는 그런 파티는 오히려 고역이겠다는 생각 때문이었다.

그날 밤 꿈을 꾸었다. 꿈속에서 김부자 씨의 「달 타령」을 한참 부르다 깼다. 다시 생각해 보니 꼭 무엇을 배부르게 먹지 않아도 축하는 할 수 있었다. 우리만의 방식으로도 괜찮았다. 보아스 다목적 홀에 꽃을 달고 풍선도 달고 노래방 기계가 있으니 노래 부르는 파티를 하면 되겠다고 계획했다. 부모님께서 노래도 좋아하시고 박자 맞춰 손뼉 치시는 것도 좋아하시니 우리도 따라서 노

229

래 부르고 같이 춤추자. 흥겹게 한 몇 시간 같이 놀자. 할 수 없는 것에 안타까워하는 대신 할 수 있는 것으로 눈을 돌리니 슬퍼할 시간이 없었다.

다시 한 번 말하지만, 보아스 골든케어를 설립하게 된 가장 큰 동기는 우리 부모님이었다.

입소 전부터 폐렴으로 위험한 상황을 몇 번이나 겪으신 아버지가 혹여나 입소 전에 돌아가실까 걱정도 많이 했다. '입소하신 후 일 년, 그래 딱 일 년만 보아스에서 지내시게 해주세요.' 그 당시에는 얼마나 간절히 기도했는지 모른다. 그렇게 부모님이 보아스로 오신 지 3년이 되는 지금, 아버지는 폐렴으로 여러 차례 입원을 반복하셨지만 언제나 이곳으로 돌아오셨고 여전히 보아스에 계신다. 어머니 역시 그런 아버지를 기다리시고 맞아 주시고 반가워하시며 여태껏 버텨 주셨다. 그렇게 시간은 지났고 벌써 아버지의 구순이 된 것이다.

항상 우리 부모님은 우리에게 길을 가르쳐 주신다. 코로나가 기승을 부려 어려웠던 시절이 서서히 지나가고 있는 요즘, 거동이나 외출에 불가피한 제한이 있어 팔순, 구순 기념 잔치가 어려운 어르신들에게 아버지의 구순 기념 잔치와 같은 경험을 선물해 드리면 좋지 않을까 하고 구상 중이다. 어르신들의 행복을 위한 여러 일을 고민하다 보니, 부모님이 열어 주신 이 길 위에 이제는 많은 사람이 함께라는 사실에 감회가 새롭다. 부모님을 돌보며 혼자라는 생각에 두렵고 외로울 때도 많았다. 비단 나만 그런 것은 아닐 것이다. 하지만 이제는 내가 걷는 길의 앞과 뒤에 누군가가 있다는 생각으로 겁 대신 용기를 낸다. 이 길을 걷는 모두가 그럴 수 있었으면 하고 바란다. 그렇게 같이 걷는 누군가가 곧 우리가 되고, 어르신과 보호자와 종사자가 모두 동행하는 이 길에서 보아스는 새로운 공동체로 발전하는 중이다.